图说天下·国家地理系列

别样云南
YUNNAN STYLE
别样风情

薛金冉 著

四川人民出版社

图书在版编目（CIP）数据

别样云南，别样风情 / 薛金冉著. — 成都：四川人民出版社，2019.10

（图说天下．国家地理系列）

ISBN 978-7-220-11124-2

Ⅰ.①别… Ⅱ.①薛… Ⅲ.①旅游指南—云南 Ⅳ.①K928.974

中国版本图书馆CIP数据核字（2018）第262820号

BIEYANG YUNNAN, BIEYANG FENGQING

别样云南，别样风情

薛金冉 著

责任编辑	任学敏 陈 欣
封面设计	何 琳
版式设计	刘晓东
责任校对	韩 华
责任印制	李 剑

出版发行	四川人民出版社（成都市槐树街2号）
网　　址	http://www.scpph.com
E-mail	scrmcbs@sina.com
新浪微博	@四川人民出版社
微信公众号	四川人民出版社
发行部业务电话	（028）86259624 86259453
防盗版举报电话	（028）86259624
照　　排	日臻图书
印　　刷	艺堂印刷（天津）有限公司
成品尺寸	170mm×240mm
印　　张	12
字　　数	220千字
版　　次	2019年10月第1版
印　　次	2019年10月第1次印刷
书　　号	ISBN 978-7-220-11124-2
定　　价	29.90元

版权所有·侵权必究

本书若出现印装质量问题，请与我社联系调换

电话：（010）82021443

前言 Foreword

　　艳阳凝絮语，鲜葩融素辉，相逢霓裳，相逢雪落，相逢茶花绿树，相逢彩云之南的每一处晴明。迈步云南，行旅悠悠，两排浅浅的足印，蜿蜒的是数都数不清的向往：

　　春城春深，西山之巅，流淌的尽是日光倾城，漫漫山茶，隔着时光，也能盛放出一片绯红的雨云，细雨落处，黛白分明的石林里，点点篝火闪烁的永远

是九乡旖旎的晴明。

　　大理花重，洱海苍山，古城的青藤下总缠结着一缕如水的烂漫，喜洲的白族民居、人民路的民谣美食更在日出日落中勾勒着遥遥的远方。

　　丽江丽江，金沙的水拍烂漫了玉龙的雪峰，束河的灯火袅娜了纳西的秋光，摩梭的轻云里，流淌的从不是泸沽的草香，反而是古城氤氲着冰川秀色的艳阳。

　　西双版纳，被野象漫步了千年的童话之地，竹楼飞雪、芭叶凝香、原始森林延展着傣家的野望，斑驳光影下，潺潺溪水东流的或许从不是卷雪的涛。

　　香格里拉，是桃源在云滇最静美的投影，梅里恋了纳帕千年，最终，却被虎跳横刀夺爱，唯有在"小布达拉宫"下，叩首五百年，只求来生能再见"心中的日月"。

　　彩云之南，春波向晚，枕着白云，绕着青山，不一样的情怀，指向的，却是，同一个远方。

　　不问归途，不问向往，无谓东西，无谓往返，每一步踏下，足尖绽放的，其实，都是梦想。

　　美景不可辜负，人生不可重度，春花秋月碰连环的日子，静看云滇万里、世事清欢，真的，蛮好。

目录 contents

Chapter 01　感悟，云南的美你懂吗

俯瞰云南　从人间到天堂……………………10

昆明　春天与你为伴…………………………14

大理　苍山洱海的问候………………………18

丽江　爱情水流如此之甜……………………21

香格里拉　海誓山盟在此萌生………………24

三江并流　恣肆竟是如此之美………………28

长江第一湾　静享天下奇观…………………34

怒江大峡谷　为何一怒千里…………………38

虎跳峡　气势磅礴谁能比……………………42

九龙瀑布群　屏幕一泻千里…………………48

玉龙雪山　传递千年的爱恋…………………50

梅里雪山　雪白圣灵前的膜拜………………54

西山　滇中第一佳景…………………………58

苍山　一片云便是一个传说…………………62

滇池　上苍的眼泪……………………………66

洱海　和水中月秘密私语……………………70

碧塔海　童话里的朦胧………………………73

泸沽湖　恰似一个原始村落 …………… 76

抚仙湖　再入人间仙境 …………………… 80

石林　鬼神的礼物 ………………………… 82

元谋土林　祖先住过的地方 …………… 86

腾冲火山地热　在热气中沉思 ………… 90

白水台　梦想中的台阶 ………………… 92

Chapter 02　**剖析，凝结沉淀的历史**

崇圣寺三塔　听佛祖声音的地方 ……… 96

大观楼　名楼何须声张 ………………… 100

金马碧鸡坊　追寻城市记忆 …………… 102

归化寺　聆听佛祖教化 ………………… 104

世博园　在花海中绽放 ………………… 108

西双版纳　留下一生的回忆 …………… 110

景洪　自然中的宠儿 …………………… 114

罗平油菜花海　沉醉于黄色海洋 ……… 116

普者黑　质朴的自然美 ………………… 119

元阳梯田　一层层的绿色 ……………… 122

目录 contents

木府　显赫一时的家族……………… 126

束河古镇　感受宁静的古朴………… 129

Chapter 03　风情，云南的少数民族

白族　崇尚白色的民族……………… 134

纳西族　隆重的祭天仪式…………… 136

藏族　虔诚的宗教信仰……………… 140

傣族　泼洒水花代表祝福…………… 142

彝族　点燃火把迎接太阳…………… 144

傈僳族　使用弓箭的勇士…………… 148

拉祜族　坦率正直的人们…………… 150

佤族　木鼓是神圣的象征…………… 152

哈尼族　聆听布谷鸟的叫声………… 154

壮族　唱响三月份的歌圩…………… 156

苗族　无畏恶劣的生存环境………… 160

回族　载入史册的开创者…………… 162

Chapter 04　**体验，云南最浪漫的事**

云南看云　发现不经意的美…………… 166

寻访西南联大　历史要铭记于心………… 168

寻找陈圆圆　解开世人的迷惑…………… 170

喂红嘴鸥　任时光轻舞飞扬……………… 172

普洱品茶　情调这样培养………………… 174

品尝过桥米线　爱情的吃货……………… 178

住五星级酒店　甜蜜的享受……………… 182

昆明泡吧　释放你的荷尔蒙……………… 184

住丽江客栈　谁都有一颗文艺之心……… 186

呼风唤雨听命湖　静享闲适之美………… 190

Chapter

别样云南，别样风情

01 感悟，
云南的美你懂吗

有一种美，会让你慢慢沉醉，不能自拔。

云南能给予人的是什么?
就浮现在脑海的那些印象而言,
或许一时还真的难以定义。
如果说它是一个女子,
那一定是一个有魅惑之美的女子;
如果说它是一个男子,
那也是一个温暖而有爱的男子。

俯瞰云南
从人间到天堂

地图上的云南,就像一片飘落的枫叶,如果仔细端详,就看得见它飘落的悠闲;如果认真聆听,就听得见它飘落的快乐。而这快乐里,分明还带着笑声。那笑声如大理白族回味历史般意味深长的笑,如迪庆藏族奉献哈达般豪爽开怀的笑,如傣族泼水声中热情洋溢的笑,如布依族、拉祜族、傈僳族遥远而质朴的笑,如生活在云南境内二十多个世居民族和谐惬意的笑……

把身子缩小,穿过层层迷雾,从红色枫叶的一角钻进去,就降落在了这个广阔的红土高原上。从南到北,自东至西,生活着各种风俗截然不同的民族,云南因而散发出一种扑朔迷离的色彩和美丽。像一个硕大的拼图,每一个民族都是它的一个板块,都那么不可或缺,在自己固定的位置上光芒万丈;每一块都有自己的故事,诉说着古老,雕刻着沧桑,或浸润着安详,享受着宁静;每一块都充满诱惑,诱惑着懵懂的心绪，诱惑着青涩的爱情，诱惑着不同肤色和种族的客人，到此遗留下一个个绚烂多姿的梦。

这个梦，也许因昆明而绚烂，那色彩斑斓的繁花、那终年和煦的光照、那些直插天宇的高楼、那些不落俗套的时尚……就是那个悠然自得的都市；也许因大理的故事而绚烂，从南诏到忽必烈，从武侠江湖到现实世界，讲述不完的故事里有描绘不尽的精彩；也许因丽江的古老而绚烂，轻轻叩响遥远的古墙，似乎还依稀可辨历史的回声，在神圣的玉龙雪山脚下仰望，心灵便和天空一样清澈；也许因西双版纳的迷乱而绚烂，蓊蓊郁郁的雨林，总能搅乱每一个游人的心扉，总让人充满想象，而想象充满未知；也许因香格里拉的虚幻而绚烂，那里本来就是一个绮丽的梦，在香格里拉，就是在梦中的梦中，无论怎么逃脱，都逃脱不出来……

也许因纳西族的东巴文字而绚烂，也许因傣族的孔雀舞而绚烂，也许因苗族的动人歌喉而绚烂，也许因哈尼族的层层梯田而绚烂，也许因闻所未闻、见所未见的民风而绚烂，也许因某一天在眼前一闪即逝的陌生女子而绚烂……

在云南，没有不绚烂的梦，当然，就更没有不做绚烂的梦的人。

向往云南，就是这个梦的开始。或许是向往金沙江的灵动，澜沧江的博大，也或许是向往洱海的宽广，怒江的雄浑……向往生命如江水般汹涌澎湃，在云南找到生命的宣泄和激情。

📷 草原、狼毒花和一个人的香格里拉。　　📷 风清云南，别有一番风味。

别样云南，别样风情

或许是一位乐山的智者，更向往梅里雪山的圣洁、哈巴雪山的伟岸，更向往苍山的坚定和哀牢山的和谐……在云南，总能找到人生的高度和生命的铿锵。

或许是一位女子，像江南水乡的女子一般娇艳怜人，更爱深深的庭院，更爱静谧的闺房。那还是不要太接近云南的好，如果迫不得已来到云南，最好蒙上双眼，躲过金灿灿的一如首饰般耀眼的油菜花海，避开西双版纳炫耀舞姿的七彩孔雀；最好再捂住耳朵，阻挡银装素裹的白水台上清亮的滴滴答答，隔离燕子洞里声声不息的呢呢喃喃……否则，云南会把任何一位芳龄女子留下，留下来，养育成如云南本身一样倾国倾城的绝代佳人。

或许是一位信徒，看淡了世间流水般的繁华，厌倦了熙熙攘攘的名利，更向往一方心灵的净土，没有喧嚣，更没有离乱。大概，云南才是寻寻觅觅的佛堂，才是朝朝暮暮的庙宇。或许可以去松赞林寺朝拜佛祖，或许可以去巍宝山参拜天尊；当然，还可以去山寨，在彝族的火把里顶礼膜拜，在佤族的木鼓里走向神圣，在纳西族的祭天里祈求安康，在独龙族的文面里找到安宁……在云南，无论有什么信仰，都有信仰的回报；即使没有信仰，也会信仰起幸福的人生。

或许是一个孩子，只希望在妈妈的带领下听听阿诗玛的故事，听听三江并流的传说，再听听崇圣寺的钟声和高原上的鸡鸣狗叫；只希望品尝正宗的过桥米线，看看人流如织的风俗表演，选一件五彩缤纷的民族服装，感受一次异国般的风土情调……大概，只能来云南了，也只要来这一个地方就足够了。

……

如果，终于禁不住诱惑，终于听见了心灵的呼唤，还是背上简单的行囊，冲入这片热情的红土地吧。

不必为衣食住行而担心，云南最富足的就是拥有众多热情好客的民族。想吃什么、住什么，想怎么吃、怎么住，似乎都一应俱全，没有人会指指点点。

不必为找不到梦境般的景色而忧虑，睁开眼，总有数不清的惊喜飘忽眼前。石林的奇异还来不及回味，土林的独特就填满了脑海，一转身，沙林又是另一番模样。还未脱下攀

感悟，云南的美你懂吗

云南的色彩，是每一个喜欢颜色的人都无法抗拒的。

登白茫雪山时加厚的棉衣，腾冲的地热就让汗珠滚落了一地，映着彩虹的色彩，如九龙瀑布群一样光彩熠熠。只有想不到的景色，没有找不到的风光。

当然，更不必为寻找返程的路径而烦恼，因为踏进红土高原的那一刻，就已经记不清身在何处了，灵魂早已经和云南连在了一起，分，也分不开。

如果真的离开了，带着千言万语的不舍，就索性默默地不留下一句话，更不必吐露分别的伤心，因为还有再见的期盼，还有期盼可以成真。

如果生命中只有这一次与它相逢，也不必相见恨晚，曾经拥有就是幸福的见证。潇洒地离开，带着初来乍到时那个绚丽多姿的梦，至少，这一次的梦里还有真切的高山、峡谷、鲜花、绿叶……

呵护这个梦吧，像呵护爱人一样地呵护那个心灵永远的栖居地——云南。从海拔76.4米的红河河谷，到海拔6740米的梅里雪山，就是从人间到天堂。

昆明
春天与你为伴

　　西山的粉黛常绕着一空的晴岚，阳宗的清风总枕着遍地的茶红，人生最盛大的一场遇见，无外就是，在石林的细雨里，邂逅昆明。

　　昆明，位处云贵高原中部，北望凉山，西接玉溪，山明水秀，风光旖旎，是中国西南重要的旅游城市，亦是中国历史最悠久的古城之一。早在新石器时代，先民们便在这片被无尽的红与遍野的青浸润的土地上留下了太多生息繁衍的痕迹；待汉，在氏族林立的西南夷地区，昆明部也曾盛极一时；及唐，云南划九十二州，置昆明县，在金沙的白浪中峥嵘了千年的昆明始以一地之得天独厚绚烂于世。

　　和同纬度的其他城市相比，受印度洋暖湿气流影响，位处亚热带高原山地季风区的昆明，冬无严寒，夏无酷暑，四季如春，日日常晴，姹紫嫣红，繁花遍地，是以，又名"花

感悟，云南的美你懂吗

城""春城"。

　　春秋转眼，冬夏琳琅，无论何时何地，相遇昆明，那一片无雨的湛蓝不经意间似乎总能让眸底最深沉的向往激滟。漫步在昆明最古老的城垣下，举目四望，或许，望不见那煊赫了岁月的盛大，但烙印着市井风情的青石板、永远都开不尽的山茶花、澄澈如天空之境的草海、伫立着繁华的金马碧鸡坊却足堪惊艳，那望不断的西山，激滟了万里月明的阳宗海，嶙峋了时光的石林，秀绝天下的九乡更令人惊羡满眼。

　　西山，是滇中第一名山，峰峦起伏，翠色连绵，蜿蜒四十余里的翠黛，映着朝霞，和着惠风，演绎的却是森森茂木、锦绣红紫间最自然、最雅丽的风情。

📷 昆明的山水　　　　📷 翠湖公园，一向是昆明人休闲怡情的最佳去处。

传曾有凤凰栖于西山之巅,人皆不识,误以为碧鸡,是以,位处昆明近郊的西山,又名碧鸡山。山不甚高,海拔皆在两千米左右,但山中峰峦奇秀、溪瀑迤逦、花木扶疏、亭阁错落,却也极一时之胜。

漫步西山,竹木葱茏里,鹅黄嫩绿,嫣红姹紫,一片芳菲无限;佛寺禅钟、三清胜境,更独道佛气度。不过,若论形胜,却还要属龙门。

滇池,古名昆明池,是彩云之南最仙姿盛大的一片桃源,烟波万里,平畴万顷,素秋银月,峰语樵歌,渔火繁星,冬春时节,更有成千上万的红嘴鸥云集翔飞,风景蔚为壮观。

阳宗海,湖东南,苍青色的山峦间,有龙泉古寺倚松风而立,寺藏林中,古朴有致;湖南,淡淡的晨雾中,小屯村错落的青葱中似还有三国屯兵之地的峥嵘弥散,小桥畔,柳荫下,傩戏声声,村民载舞,一派静好;湖西南,报国寺畔,有七石以七星状布列,俨然成阵,石畔北斗村,微氲几许苔痕,宁静且安然。每逢夏秋,登高俯视,一裳绯青,万里晴岚,阡陌、村寨、湖光、山色、古寺、小径、繁花、茂树皆清晰可见,唯北斗村朦朦胧胧,恍若披上了一层烟雨织成的轻纱,风华清隽甚为雅丽。

石林,位处春城东南,是石林彝族自治县最绝丽的一道风景,亦是

红嘴鸥和人的亲密接触

中国南方最闻名遐迩的喀斯特胜地，幅员1100平方千米，有二林（大小石林）、二湖（长湖、月湖）、二洞（芝云洞、奇风洞）、一瀑（大叠水瀑布）、一园（圭山国家森林公园）交相辉映，水美山美石更美，被誉为"天下第一奇观"。

昆明的花店

地上看石林，地下看九乡，九乡被岁月雕琢了无数年的溶洞，五花八门，不一而足。乘一叶兰舟，在荫翠峡被钟乳石装点的百态千姿的河道中穿过，鼻尖尚有浅浅的叶香萦绕，阔达15000平方米、南侧有钟乳石狮威武兀立的雄狮大厅便已赫然在目。厅呈椭圆形，穹顶略略倾斜，为一整块天然巨岩，无任何支撑，但千百年来，却一直无视重力的作用，不动不摇，静立如山，堪为神迹。或许，当年《神话》选择在此取景，也是为了沾沾仙气吧。

若胸中的向往仍泛滥成灾，那么，去金马碧鸡坊一睹"金碧交辉"的奇景、去大观楼看看闻名天下的180字长联、去黑龙潭瞅瞅勾引了无限春色的梅花、去民族村和彝族姑娘们唱唱情歌绣绣山河、去翠湖公园摘一颗星辰，或者去官渡古镇一窥昔日官渡五山、六寺、七阁、八庙的繁华盛景，去圆通寺偷一缕青山绿水、白桥朱亭、彩廊翠池交织出的浪漫，去昆明老街寻找几分遗落在时光中的水墨记忆，其实，都是蛮绝妙的选择。

斗村烟雨迟，一海荷香，半亩稻田，炊烟袅袅映红霞；西山翠黛，万顷茶花红；石林向晚，飞瀑流丹。东风行歌处，暖暖的春城，融融的感动。或许，春城从来都不是个唯美而盛大的地方，但那隐约于时光转角处的清婉与精致，不经意间，却已化作了我们憧憬的全部，全部……

旅 程 随 行 帖

☑ 春城是一座多民族聚居的城市，秀水繁花间，有傣族、白族、彝族、哈尼族等二十六个民族生息繁衍，不同的民族，有不同的风俗，不同的习惯，不同的饮食、服饰、婚俗、邂逅春城，体验一下少数民族的民俗风情自是题中之义：傣族的泼水节、彝族的火把节、傈僳族的刀杆节、白族的三月街，等等，皆妙趣横生、不容错过。

别样云南，别样风情

大理
苍山洱海的问候

一个人，默默地行走在，
幽深的小巷和远古的庭院，
宛如行走在色彩斑斓的画卷中。
那些消逝的刀光剑影，
却映射出无与伦比的安宁。

"苍山不墨千秋画，洱海无弦万古琴。"曾经有人用这样一句话把大理的秀美涵盖其中，也把大理的风花雪月刻在了人们的心上。"下关风，上关花，下关风吹上关花；苍山雪，洱海月，洱海月照苍山雪。"自古以来，大理因风花雪月而闻名于世，风花雪月因大理而婀娜多姿。所以，大理几乎是天下每一个旅人梦想开始的地方。行走于大理的每一条高山小路，或荡舟于每一片清澈的湖面，都仿佛走在斑斓的梦中。

下关的风并不会吹痛肌肤，似乎更像情人体贴的爱抚，轻柔地在面颊、

感悟，云南的美你懂吗

在手臂、在耳旁掠过，似吹开了遥远的记忆一样，荡开层层美丽的涟漪。可还来不及回味，就会眩晕在如海的花丛中，鹅黄的、鲜红的、大紫的，还有那许多根本无法形容的色彩，都扑面而来，似带着剧烈无比的芳香，让人软绵绵地昏倒在苍山脚下。还来不及感受苍山的巍峨，来不及伸开手臂摘一朵洁白的雪花，就在洱海的倒影中迷失了。天空如此湛蓝，青山如此苍翠，就连水波都如此可人。荡漾开的湖水像一只只飘飞的蝴蝶，思绪又飞到古老的蝴蝶泉边寻找曾经的痴情。那棵合欢树依然如此挺拔，娇嫩欲滴，滴出来一段又一段缠绵的故事和醉人的爱情……

　　大理古城似乎是因为段氏的"一阳指"和"六脉神剑"而人尽皆知。在众多人眼里，这是一个荡气回肠的侠义世界，所以，有太多的人不远万里，非要一睹这个南疆部落的风采，感受武林侠客的高深和度量。大理的段王爷——段誉虽说早已跟着那个奇幻的世界作古，可却无法掩盖古城昔日的风姿。事实上，大理的确是一座千年古城，并不是金庸老先生的杜撰。汉武帝时期，曾开

叶榆城是大理的古城，又名紫禁城、中和镇，背靠苍山，面临洱海。

辟了南方丝绸之路，大理就是这条商道上的重要通商口岸。唐代时期的皮罗阁统一六诏后建立的南诏国、宋代的大理国都曾将大理作为都城。悠久的历史和璀璨的文化，给大理留下了丰富的文物古迹，大理因此历来就有"文献名邦"的美称。古城里那些青瓦屋檐的民宅，斑驳的鹅卵石墙壁，都在诉说着大理的古朴和沧桑。可能因为段氏王朝的子孙都酷爱养花，所以时至今日，走在古城的街道上，随处可见名贵的大理山茶花、杜鹃花、素馨兰从鹅卵石的墙壁上偷偷地溜出来，与苍山洱海争奇斗艳，或许，也是为了感受苍山洱海的风情，为刀光剑影的江湖增添一处世外桃源的风流。

所以，这里不再有唐朝时"天宝之战"的血雨腥风，而多是南诏风情岛般的幽远和安宁。南来北往的行人在踏上古城的石板路后，似乎也平静得异常。那些平日里的喧嚣和浮躁都在厚厚的历史云层中分解了，那些城市里的匆忙和焦虑都在流淌的苍山雪水中融化了。古老的城墙犹在，朱颜未改，似在享受着绵延古今的安逸。抬头远望，碧天白云，繁花流水，各有各的悠闲，各有各的慵懒。听着自己的脚步在安静的街道上发出轻微的声响，似乎就听见了历史轻轻的回声，就听见了心里面最原始的呼唤。仿佛一切都回到了最初的模样，似乎耳边只飘过崇圣寺的钟声，荡漾着久远的宁静；似乎眼前只飘过鸡足山缭绕的佛香，弥漫着久远的祥和……

即使只是大理的一个行色匆匆的过客，在风花雪月的现实和梦幻中，也会诗意地栖居片刻，而这片刻中，却能寻找到脑海中永恒的安宁。

感悟，云南的美你懂吗

丽江
爱情水流如此之甜

一走进它，梦就开始了，
绚烂得不可想象。
睁开眼，梦依然没有结束，
反而更悠远，
甚至，比回忆还要芬芳。

一定有些人因为丽江动听的名字而走进了丽江，走进了梦幻一般的水的世界，当离开的时候，就带走了湿漉漉的记忆。

水是丽江的灵魂，丽江就是因为一条美丽的江水而得名。从那一刻之前很久远的时间开始，丽江就用美丽的水装扮着美丽的容貌，一直到现在，而且还会延续这之后很久远的时间，直到无限。

丽江的水是博大的，是洁净的，是可以洗涤污垢的。玉泉在丽江的东北，这里的水自黑龙潭涌出，滋养着丽江的土地，无私地打造了丽江"户户朝阳，家家流水"的高原水城风貌。到了明代，土司开挖西河，由于丽江的地势西高于东，人们定时把西面的河水引入到中间来，这样便可以轻松地冲洗五花石铺成的街面，保持城市的清洁。

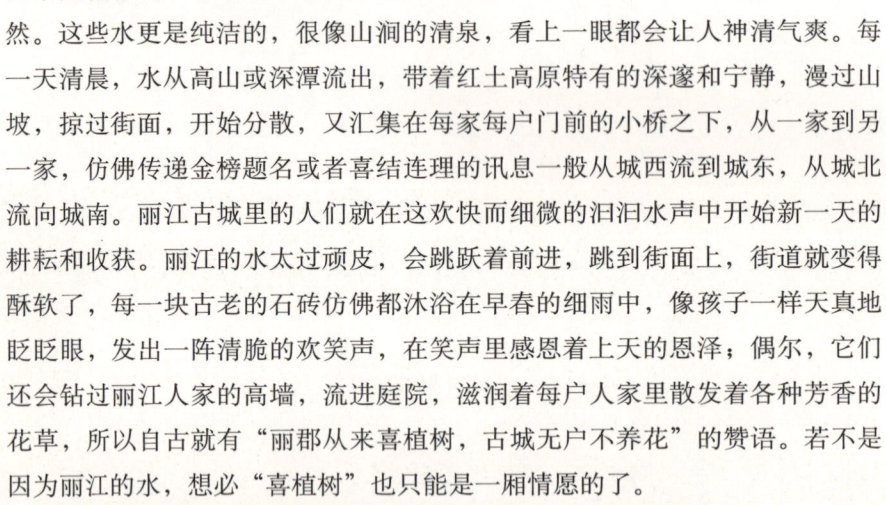

流水、小桥、人家，宛若一幅秀丽的江南风景图。

慢慢地流淌在丽江古城里每一条街道的水，足以让无数人为之痴迷，为之倾倒，也让丽江因此被称为"高原姑苏""中国威尼斯"。这些水是慵懒的，很像丽江人的生活那样随意、自然。这些水更是纯洁的，很像山涧的清泉，看上一眼都会让人神清气爽。每一天清晨，水从高山或深潭流出，带着红土高原特有的深邃和宁静，漫过山坡，掠过街面，开始分散，又汇集在每家每户门前的小桥之下，从一家到另一家，仿佛传递金榜题名或者喜结连理的讯息一般从城西流到城东，从城北流向城南。丽江古城里的人们就在这欢快而细微的汨汨水声中开始新一天的耕耘和收获。丽江的水太过顽皮，会跳跃着前进，跳到街面上，街道就变得酥软了，每一块古老的石砖仿佛都沐浴在早春的细雨中，像孩子一样天真地眨眨眼，发出一阵清脆的欢笑声，在笑声里感恩着上天的恩泽；偶尔，它们还会钻过丽江人家的高墙，流进庭院，滋润着每户人家里散发着各种芳香的花草，所以自古就有"丽郡从来喜植树，古城无户不养花"的赞语。若不是因为丽江的水，想必"喜植树"也只能是一厢情愿的了。

或许先有丽江水的清澈才有丽江人的珍惜，或许先有丽江人的觉悟才有丽江水的纯洁。无论怎样，当一个外地人看到如此的丽江水后，都无法用任何一个理由说服自己离开丽江，因为对任何一个人来说，这都是极其残忍的。

总想不出是丽江清甜的水酿造了甘冽的酒，还是丽江的悠闲打造出了丽江的酒吧文化，或者兼而有之。走在丽江古城的洋人街上，四处林立着风情各异的酒吧，如鲜花绽放一般。累了，就随意择一家，点一杯有着神秘而美丽的东巴文名字的酒，慢慢地品味，慢慢地陶醉，任由时光把心事也酝酿成一杯醇厚的酒。丽江酒吧最大的与众不同在于白天的时候，顾客可以随意地坐在艳阳高照的街头，漫无目的地看着人来人往，随心所欲地听着淙淙水声，而远处，仿佛古城的"白沙细乐"或"丽江古乐"附着空气悠悠传来，让人独自享受那份自在和悠然，醉生梦死般甘愿沉沦下去。有时，还会结交很多如自己一般由外地而来的朋友，风俗民情的讲述，历史现实的品评，名山大川的赞叹，丽江古城的怡情……煮酒论英雄，千杯也不醉。也许明天就要各奔前程，再没有相逢的机会，即使相逢似乎也未必辨认得出，可是至少在丽江酒吧的今天，彼此是快乐和幸福的。所以这样的惬意和惬意的邂逅想必一定可以为自己的生命增添一抹金灿灿的印记。也许，人生的价值和意义，甚至命运也都会因此而改变，让自己都会有一些猝不及防的惊喜。

当夜色悄无声息地弥漫开来，酒吧里更温情脉脉了。不知疲倦的丽江的水依然映着满天清朗的星斗，满河都是大红灯笼的倒影，为酒吧街镶嵌上流光溢彩的流苏。酒吧里，那些本地的、外地的人仿佛都要一醉方休的样子，慵懒而又放肆地摇摆着，舞蹈着，酣畅淋漓地享受着。

丽江的酒吧，如丽江的水一般流淌着快乐。在丽江，无论怎么走，都走不出丽江水的萦绕；无论多少年以后，当记忆泛滥，每一次脑海中的丽江，都是洁净的水一般的记忆。

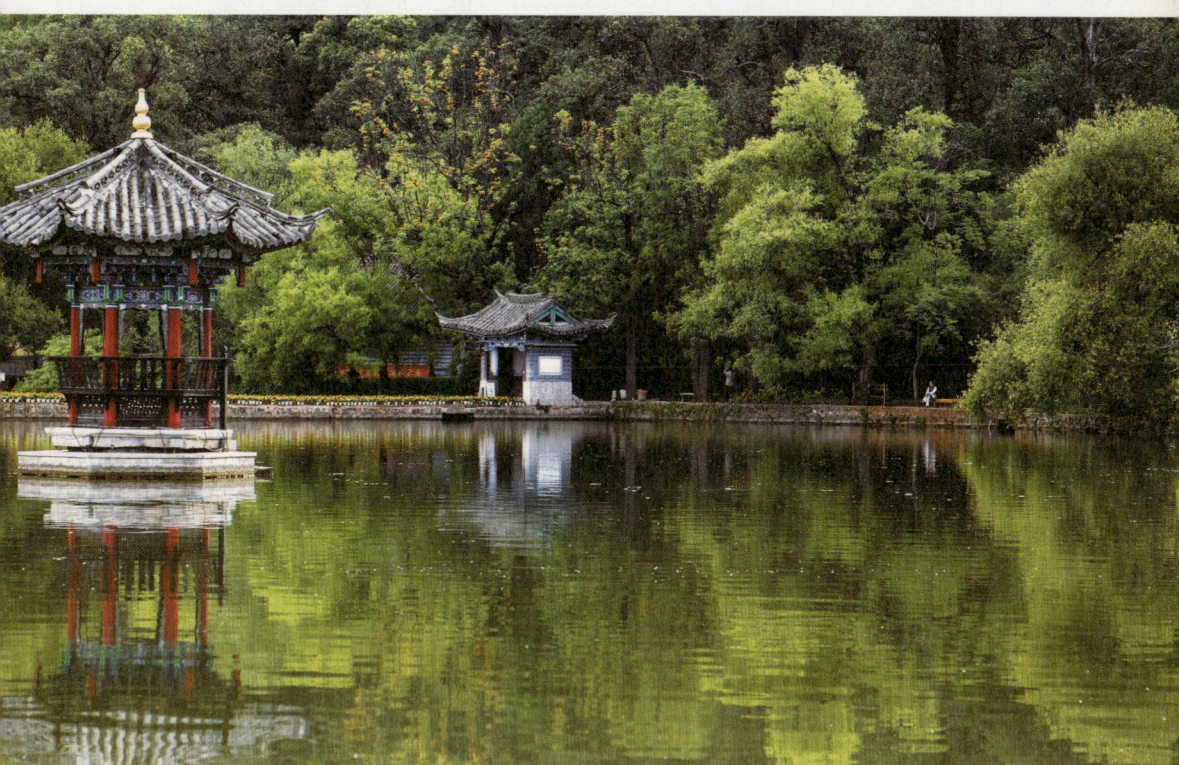

丽江的黑龙潭

香格里拉
海誓山盟在此萌生

那份曾经海誓山盟的爱情,
那个依然魂牵梦萦的身影,
只让涩涩的痛苦透过温馨的记忆,
撒下淡雅的哀伤,
在呼吸中静悄悄地飘浮。

  清晨的朝阳漫过高大洁白的梅里雪山,洒一片金碧辉煌在幽深的松赞林寺。寺院中千年不绝的钟声就穿过斑驳的佛墙,在浑厚的韵律中荡满了山间。伸伸懒腰,让诵经声洗涤心灵,感受遥远的历史的礼遇。推开窗,远山犹在,却雾蒙蒙的一片,白的雪,白的烟云,还有纯洁的气息和思想。穿上长袖宽腰的藏服,戴上羊皮的糌粑口袋,把所有的期望都拴在沉重的牧鞭之上。推开门,属都湖的晨雾在身后弥漫,又渐渐淡去,像曾经刻骨铭心的回忆一

感悟，云南的美你懂吗

📷 梅里雪山脚下，经幡随风飘荡。

般，轻飘飘地滑走。纳帕海的草香吸引过每一匹野马，纵身而上，如骑士般威武飒爽。当悠扬的鞭声和粗犷的歌谣开始填充草甸，新一天的香格里拉就来到了眼前。

纵马驰骋在雪山脚下，或是碧塔海边，感受高山的纯净和湖水的清凉。偌大的山谷，偌大的草原，只是一个人的天下，只属于自己和那些珍奇的鸟兽。自由来得过于突然，瞬间迷失了方向，不知该怎么放纵自己，身往何处。或者，像藏族人一样地行走吧，把自己放进阳春的画框之中，红花绿草，碧水青山，处处是异样的民风民俗，有牦牛悠闲地漫步，有杜鹃花高挑的身姿，有简陋却温馨的民房，民房中传出声声的"扎西德勒"，酱红色的僧袍斜过肩膀，露出健硕的右臂，像阳光涂抹后的深红，念着经文，盘旋在洁白的雪山山腰，不时地叩首膜拜，安宁而又安静的虔诚升腾在每一寸大地上……或者，像少女一样地行走吧，花丛中，也看得见她的妩媚；树林里，也听得见她婉转的歌声；小溪旁，仍有她浮动的香气；草地上，还有她幸福的相思……或者，像杜鹃花一样地生长吧，享受大自然的雨露滋润，绽放成最亮丽的风景中的一抹……或者，像藏羚羊一样地生活吧，在香格里拉寻找最可口的食物，吸收天地之精华的琼浆玉液……

"香格里拉"在藏语中的意思是"心中的日月"。

或者,像别人一样地感悟,感受四季在一天之内的变迁,感受三江并流带给心灵的震撼……最好,像自己向往的那样,或疾速奔跑,呼喊着熟悉的名字,呼喊着凯旋的口号,任风划过耳边,任雨打在脸上,任阳光不住地赞叹,任小草羡慕地眨眼。这里只有自己,只是自己的天地。或安静地仰卧,看浮云聚到一起又悄悄地散开,像偷偷地接了个吻,怕别人看见一样;看远山起伏连绵,白雪之上总有缥缈的影子,荡过来荡过去;看小草迎风曼舞,摇摇头,晃晃脚,好像要跳出地面,尽情地疯狂一番;听汩汩的流水,流动着自然的神奇,悦耳的旋律,一切似乎曾在遥远的记忆之中;听鸟雀啼鸣,叽叽喳喳的似在互相召唤,又像催人入眠的歌谣;看一切看得见的,也看得见别人看不见的;听一切听得见的,也听得见别人听不见的……然后,悄悄入睡,心醉在自己瑰丽的梦中。

这个瑰丽的梦是奇怪的，是虚幻的，是足以令人感到幸福的；但有时，这个梦也足以让人幸福地哀伤、脆弱和哭泣。

当美丽来到眼前，芸芸众生都带着极度的欢喜雀跃去迎接。可是那天，所有的美丽转瞬即逝——好像身旁，依然有一个那么熟悉的身影，说着那么熟悉的话，明亮的眸子里闪烁着不尽的缠绵悱恻。当轻轻地去拉起她的手，想过去拥抱一下的时候，梦就破碎了。看着自己的指尖仍在微微颤动，就告诉自己这些都只是久远的过往了，唤，也唤不回来了。或许，还有那些远去了的亲人和朋友，一如当年的音容笑貌，体贴着自己，关爱着自己；有一声声的豪爽大笑，一起玩耍过的游戏重又回来，刚想声嘶力竭地呼喊，梦就破碎了。摸摸脸颊上两道浅浅的溪流，就告诉自己有些人只会出现在记忆中了。或许，还有辉煌的过去，辉煌的成功，还有如今失意的样子，失魂的落寞……当夜色渐渐降临，梦就破碎了。揉揉惺忪的睡眼，欣慰着有这样的美好擦身而过，也忘记了抱怨所有的美好都不肯永久，只轻轻告诉自己：一切都已经过去。

这就是香格里拉，一个完全自由的家园，自由得让人不知所措；一个充满梦幻的地方，每一株草、一朵花、一粒土都在自己的梦中生长。

很想离开，因为担心这样的美丽不能永久，担心生命的短暂来不及在这里终日享受，担心这么美丽的梦有一天会突然破碎……

更不想离开，因为千里迢迢、跋山涉水地奔赴才能见上一面；因为可以不再理会世俗的纷繁复杂；因为可以活得更真实、活得更像自己……

想想那些来过香格里拉的人，大概都不曾想离开；即使离开了这片土地，也依然活在它的梦里；而那些在它的梦里遨游的人，一定也选择了在这里重生！

辛勤的人们世代生活在这里，这里是他们赖以生存的土地。

三江并流
恣肆竟是如此之美

无限地接近像无限地猜测，
要相聚，还是分离？
该怎样才能聆听，
它们内心深处的声音。

在20世纪80年代，一位联合国教科文组织的官员面对着一张卫星遥感地图，惊讶地瞪大了眼睛。在图上，赫然有三条永不干涸的大江并行着奔腾，坐标是东经98°~100°30′、北纬25°30′~29°。这一地区就是中国云南省，这三条大江就是金沙江、澜沧江和怒江。

20年后，"三江并流"入选了《世界遗产名录》。

三江同发源于号称"世界屋脊"的青藏高原，一路南下，豪迈狂放，各领风骚，进入云南境内。在横断山区纵谷险要峻迫的地势下，三江受到了前所未有的约束，开始并行

Chapter 01

感悟，云南的美你懂吗

📷 云南丙中洛乡，怒江第一湾。

📷 从上到下依次为金沙江、澜沧江和怒江。

奔流，从北向南的170多千米，穿越担当力卡山、高黎贡山、怒山和云岭等崇山峻岭，形成世界上罕见的"江水并流而不交汇"的奇特自然地理景观。在这期间，澜沧江距离金沙江最近的时候只有66千米，而澜沧江与怒江的最短直线距离则只有不足19千米。

似乎千里的奔流只是为了一次团聚，似乎千年的等待只是为了最后的交

别样云南，别样风情

三江地区峻迫和舒缓相间，高山与河谷比邻，给人柳暗花明之感。

金沙江是一条狂放不羁的江，却也是一条优美的江。

融。在这一刻，它们变得如此接近。如果哪一条河流屏住自己的气息，就能够听见另外两条的咆哮。但是虽然近在咫尺，每一次上前企图拥抱，却都有高山的阻隔。永远是可望而不可即，永远是不能排解的遗憾，而江水永远是流不尽的寂寞。

或者正因为三江各有自己的使命，每条江水都要哺育属于自己的文明。在使命的面前，只有放弃自己的姐妹亲情；在文明的面前，只有把亲情和故土一同割舍。确乎如此，三条举世闻名的大江中的无论哪一条，都足以让人久久振奋。因为每一条都充满了诱人的色彩和传说，每一条所孕育的文明也足以和它自身一样源远流长。但是，当它们并列着流过170千米的时候，该是怎样的一种惊心动魄。

感悟，云南的美你懂吗

　　有人说它神奇，有人说它壮观，有人说它令人难以置信，甚至有人说它不属于地球……说它什么的都有，但说得最多的，是震撼。不知道是什么力量和魔法让它们呈现出如此这般的雄奇，站在临近的山峰俯瞰它们，满眼望过去，都是新奇的想象。

　　三江并流地区内高山和雪峰横亘绵延，自然带随海拔变化呈明显垂直分布，从海拔760米的怒江干热河谷到海拔6740米的卡瓦格博峰，共有118座海拔5000米以上且造型迥异的雪山。身在山下，仰望四方，目之所及的雄伟会让人有井底之蛙的感觉，高山上的人、树、雪及种种似乎都是遥不可及。

　　三江并流是一部地球演化的历史教科书，印度板块与亚欧板块的碰撞造成青藏高原的隆起，构成了在150千米内相排列的独龙江、高黎贡山、怒江、

蜿蜒曲折的江水，配上多姿多彩的梯田，怎一个美字了得。

　　澜沧江、云岭、金沙江等巨大的山脉和大江形成的横断山脉的主体，这是世界上绝无仅有的高山峡谷自然景观。峡谷内沟壑纵横，幽深却不荒芜，热闹而非浮躁。这时，就会感觉身在天空，俯瞰世界的角度和高度让人觉得高大，似乎可以随时改变下面的世界，按照自己的设想重建起来。

　　每年春暖花开，这里绿毯般的草甸上、幽静的林中、湛蓝的湖边，到处是花的海洋，可以观赏到200多种杜鹃、近100种龙胆、报春及百合等野生花卉。因此，这里被植物学界称为"天然高山花园"。几乎很难想象在如此雄浑，雄浑得近似悲壮的地方会有这许多草木的精灵，可它们确确实实用自己多彩的外衣装饰着这片纯洁的净土，没有几个人能把所有的花都认遍。即便素未谋面，它们也热情地欢迎着每一位到来的人。

　　三江并流地区占中国国土面积不到0.4%，却拥有全国25%的动物种数。目前，这一区域内栖息着许多珍稀濒危动物，如滇金丝猴、羚羊、雪豹、孟加拉虎、黑颈鹤等77种国家级保护动物。天空不时撒下一阵鹤鸣，抬起头，却发现它们也在含情脉脉地对望；草地上不时蹿出几只羚羊，一转身又消失在苍茫中……或许它们都像童话里一般，会说人类的语言，会像人类一样思考。

　　这里还是藏、怒、傈僳等16个兄弟民族的聚居地，是世界上罕见的多民族、多语言、多种宗教信仰和风俗习惯并存的地区。不同的穿戴和不同的生活习惯都融合在三条大江里，团结和谐，源远流长。

横跨大江

险要的峡谷沙滩，幽静的草原牧场，秀丽的高山花甸，丰富的珍稀生物，独特的民族风情……都令三江地区震撼人心。同样还有一个令人不能忘怀的，那就应该是香格里拉了。这里，人与自然和谐相处，处处充满和平、安宁和幸福，是公认的世外桃源。所有的一切，让三江并流地区成了云南省乃至整个中国大地上最令人神往但仍然笼罩着最神秘的色彩的一个区域、一个天堂，也足以让每一位向往的人魂牵梦绕，让每一位到来的人流连忘返。

而三条江水，并流170千米之后，在无限接近之后，在留下了这个世界上最美丽的一方水土之后，由于不同的使命，终于要义无反顾地各赴前程。澜沧江向南缓缓而下，穿越国界成为东南亚湄公河的上游；怒江还是暴跳如雷，一怒千里，向南闯进缅甸，得到了另外一个名字"萨尔温江"；而金沙江，中国的金沙江，始终是那样眷恋它的祖国，对它始终有着那样深深的感情，在石鼓镇，金沙江是那样的不可思议地以一种奇迹般的方式，蓦然掉头向东，向着太阳升起的地方前进。它汇集雅砻江、岷江、嘉陵江，有容乃大，于是中国便有了一条最大的河流——长江。

河流永远不会回头，三江终是越行越远。但是，它们还会有再次相聚的地方，那就是海了。

旅程随行帖

☑ 1988年，国务院批准设立"三江并流"国家重点风景名胜区。

☑ 1993年，"三江并流"正式列入中国申报世界遗产的预备清单。

☑ 2002年1月17日，"三江并流"正式报送到联合国教科文组织世界遗产中心。

☑ 2003年7月，"三江并流"被列入《世界遗产名录》。

长江第一湾
静享天下奇观

在你毅然转弯的地方，
划下了一道优雅且深邃的弧线。
你弯出来的，
不仅是突兀如山般的性格，
还有浓墨重彩的历史，
诉说着岁月的安详和沧桑。

很久以前，金沙江本来要向南流出国界，可是江流有情，它为了要到太阳升起的东方寻找光明和爱情，毅然掉头而东，汹涌澎湃地穿山绕林，从此之后一路汇纳百川，成为中国最大河流——长江，于是孕育了南中国的千古文明。那个转身的地方，就成了天下奇观——长江第一湾。

美丽的传说故事也许只是茶余饭后的消遣而已，可是长江第一湾的优雅和性格却远不是简单的消遣即可说明的。难怪前人有诗云："江流到此成逆转，奔入中原壮大观。"

且不论这"大观"如何之"大"，也不管转弯处的江水前也汹涌，后也滔滔，单单在这一转之间，就显露出了无尽的温柔。这一带，江水清幽，水势静谧，岸边垂柳依依，丝丝缕缕随风轻展，舒适又懒散地摇摆着腰肢。尤其在春天，岸边、山间、谷旁，金黄的油菜花开出偌大一片，满满地映入人的眼中，连江水都映得耀眼夺目，不仅博得每个人啧啧的赞叹声，更成了让人无法抗拒的诱惑。再配备上馨人的花香，让人仿佛置身于流光溢彩的宫殿，随意地倚在金色的床榻上，或合目静思，或聆听歌伎动人的歌喉，悠哉乐哉。到了秋天，掬一捧清澈的江水，仔细感受江水浸润肌肤的清凉，沉浸于秋风亲吻面颊的清爽，又是别有情调的乐趣。这时的油菜花虽已落尽，花香却铺满岸边的林间草丛，伴着缠绵醉人的秋色，袭上多愁善感的心头：真愿此生如此过，不羡红尘世俗人。

可有谁能想到，这其中，曾经掺杂过兵戈和战争的印记？在"转身"的沙松碧对岸，有一座历史名城——石鼓镇，镇上因有一个用汉白玉雕刻的鼓状石碑而得名。石碑是明代嘉靖二十七年至四十年（1548～1561）间，丽江知府木高向北进军凯旋后的记功碑，石碑两面都刻有铭文。

📷 传说中，这是能够淘洗金子的江水，淘金的工人如今早已不在，金子想必也沉淀于泥水之下，却留下了一个美丽的名字——金沙江。

这神奇的小镇,有许多美丽的传说。相传木天王曾在这一带藏有宝物,并留下一首诗,诗云:"石人对石鼓,金银万万五。谁能猜得破,买下丽江府。"又相传三国时期,诸葛亮平定南中,在此"五月渡泸"(金沙江古称"泸水"),立下石碑为证。还相传,碑的一侧有裂缝,世事动乱,碑就会自动裂开;太平安定的年月,碑上的裂缝又会自动闭合。这都是些看不见也无从考证的传说,为石鼓镇蒙上了一层蝉翼般神秘的面纱。

由于小镇背靠巍峨的青山,面向舒缓的江水,退可以守,进可以攻,所以成了历代兵家必争的战略要地,长江第一湾因此见证了宋元明清各个历史时期的朝代变迁和民族融合。据考证,公元1253年,忽必烈率军南征攻打云南,这里是元军乘牛皮筏渡江的地方,也就是历史上"元跨革囊"的发生地。这里还是红军第二、第六军团北上抗日过滇西、渡金沙江的渡口。在渡江中,红军和各族人民结下了难舍难分的鱼水之情。中华人民共和国成立后,在石鼓碑背后高兀的山坡上,建起了"红军长征渡口纪念碑"。它俯瞰长江第一湾,气势雄伟,庄严肃穆,和第一湾相得益彰,也尽展红军的精神

长江第一湾在纳西语中称为"剌巴",意为虎嘴处或虎族之花。

风貌和英勇风采。红军长征渡江纪念馆也坐落在石鼓镇的金沙江畔,这里陈列着红军将士曾经使用过的马灯、手电筒、水壶、公文包、医疗器具等,每件东西都能向世人诉说出一个动人的故事。

长江第一湾也因此变得更加美丽而深刻。

走进如诗如画的石鼓风光,仿佛走进了一条历史文化的长廊,一种岁月堆积起来的厚重和沧桑会带人进入一个更为古老的纳西传说。而今,那形态各异的青石板上纷至沓来的,是全世界不同肤色、不同种族、不同信仰的游人。长江第一湾的神秘正在不断地向世界敞开怀抱,把自身的美丽和美丽的云南展现在世人面前。

无疑,纳西族人是幸运的。他们在这么美丽而又神奇的地方生活着,那么安逸,那么宁静,那么祥和;他们见证了历史,诉说着岁月的变迁,享受着和平世界里纯粹的和平。纳西族人又是幸福的,他们像长江第一湾那样,坚定果敢地追求着属于自己的幸福;而幸福像东方升起的太阳一样,每天都如约而至。

怒江大峡谷
为何一怒千里

素湍绿柳，柳绽春波，千百年来，怒江的棠红不知卷过了多少风清；但，在云南的记忆里，它依旧是最纯美的那方晴明。

一水迤逦，一处行歌；一山襟带，一蓬向往。

邂逅彩云之南的人有千千万，但绝大多数都迷离于苍山的雪、洱海的月、丽江的浪漫、春城的飞花，以至于，无意之间，竟与那深藏在青红翠黛中、伴怒江急流、最纯美、最幽情的安然数度擦肩，不得不说，这真是一种遗憾。

怒江，是中国西南最雄奇的大河之一，源自青藏高原，南北蜿蜒3000多千米，江畔，群峰连绵、悬崖参差、花红柳绿、塘青泉白，风光旖旎如画；位处云南西部、怒江傈僳族自治州境内、全长约320千米的怒江大峡谷更襟带了怒江无尽的盛荣，白云逢花千万载，仍不改清颜。

感悟，云南的美你懂吗

📷 怒江大峡谷河谷与山巅高差达3000至4000米，号称堪比科罗拉多大峡谷的"东方大峡谷"。

它是滇西遗世独立的净土，是云南最瑰伟的地质奇观，亦是世界上最原始、最苍莽、最神秘、最幽美的大峡谷。谷内，怒江咆哮的青蓝氤氲着两壁苍青色的烟雨；两岸，嶙峋兀立、千姿百态的怪石巉岩更不断将炊烟、绿树、翠羽、白花的甜美烂漫；东方桃源、人间胜境，自名不虚负。

千峰万壑环野绿，水荡清影，岩映行歌，一滩更比一滩险，将壮美演绎成了习惯的怒江沿岸数百里，峭壁千垂，盘旋曲折，峡光谷语，芳菲处处。撷一枝桃红，向青山更青、怒水更怒处漫溯，目之所向，心之所向，尽是琅嬛：萋萋碧草、一江迤逦、被白浪飞虹深藏了千年的汀洲；圩篱白花、流水炊烟、有浣碧沙晴袅娜的傈僳族古寨；阳光新点、翠金参差、蜿蜒了江岸百里恬然的梯田；千奇百怪、栩栩天工、被造化

别样云南，别样风情

📷 怒江露出了它温柔的一面。

之手巧琢而成的不尽峰峦……凡此种种，一寸山水，一寸迷人，不同的角度，迥异的风情，光怪陆离，惊艳满眼。

阳春三月，草长莺飞的日子，晨曦的清露在桃红柳绿中滚落了怒江的无瑕，两岸翠峰伫立着青空，白云朵朵，影入水中，火红火红的木棉婀娜了朝霞；一簇簇不知名的野花，一颗颗浸着江水的芦芽，静美中带着几许蓬勃的斑斓。盛夏葱茏，山水峻茂，嫣红姹紫中，成片成片的油菜花肆无忌惮的挥洒着从上帝的调色盘中窃取的灿然，迷蒙的烟雨中，覆压了一切的绿更以一种盛荣的姿态，向世界诠释着唯美的全新定义；待秋高气爽，林海扬波、红黄缀绿，湍急的水流澎湃着金黄的稻浪，滚滚的长河，辉煌的大日，映着蓝天、白云、青山、碧草，竟勾勒出了另一种浑然的壮美；及至孟冬十月，北风凋零了碧草，辽阔江天，万里飞白，唯怒江一如既往地以翡翠般的春绿咆哮着远方的诗意，白中氲碧，一派静好。

怒江第一湾，在大峡谷北缘，贡山县丙中洛乡附近，在这里，原本由北而南、汤汤着岁月的怒江水在毫无防备的情况下被突兀横斜的悬岩绝壁拗成了一片西流的惊涛，惊涛拍岸，卷起轻云朵朵，浪花飞溅。第一湾内，有一片海拔两千余米、三面环水的开阔台地，被誉为"峡谷桃源"的坎那桶村便坐落在那里。村子不大，人口也不算太多，田园阡陌、杏花春雨，男耕女织，牧歌声声，一派恬淡。

溜索是大峡谷区域最常见的交通工具，或许于我们而言，在防护措施简陋到极至的情况下，半空溜索、横渡大江，委实太过刺激，然，对当地人而言，溜个索而已，实在是太稀松平常了。那种耳畔聆风、身畔有云、脚下江天咆哮、横无际涯的感觉，委实难以言喻。

不记得是谁说过，行走在路上，就像是一场闭着眼睛的冒险，一路走，一路走，摸摸索索，在睁开眼睛之前，你永远都不知道，你所驻足的远方，是诗意还是失落。或许，这么说也有一定的道理吧，但，相遇怒江大峡谷之后，你便会知道，原来，还有这么一个地方，芳菲无尽、处处桃源，无论何时睁眼，映入眸中的都是绝艳，绝艳……

傈僳族妇女通过溜索在怒江上凌空飞渡。

旅程随行帖

☑ 邂逅怒江大峡谷的最佳时间是春节前后，彼时，峡谷内，海棠花艳，开春节、澡堂会、阔时节等节日接踵而至，绝美的风俗、得天独厚的风景、热情朴实的山民，绝对能带给小伙伴们一次最原汁原味、最幸福的旅行体验。不过，大峡谷地区交通极为不便，天气也总变化无常，想去的小伙伴还需提前做些准备。

虎跳峡
气势磅礴谁能比

> 如果江水冲刷的不是石头，
> 也不是天上的浮云，
> 那么是什么突破我的胸膛，
> 而在耳畔轰鸣的这一时刻，
> 我发现了自己残缺的灵魂。

金沙江像一个温文尔雅、羞涩内敛的姑娘，日夜唱着动人的山歌缓慢地向前流淌，然而到了丽江与香格里拉交界处——玉龙雪山和哈巴雪山之间的大峡谷时形势发生了巨变。地势陡然下降，本来百余米的江面突然变窄为20米左右宽的壶口，水流骤然汹涌澎湃、不可遏抑。然而其江心一块青黑色的巨石，横卧中流，如一柄利刃，又似凶神恶煞的守卫将军。当水流冲撞到巨石时便被其一分为二，雷鸣裂岸、

感悟，云南的美你懂吗

📷 民众带着牲畜从大江桥上走过。　　📷 虎跳峡中的激流

　　白浪滔天，似万箭齐发，横冲直撞、前仆后继。此后，金沙江凌空飞下，更是以雷霆万钧之势冲向崖底，又弹跳而上，形成万朵雪白晶莹的浪花，沸沸扬扬，回旋翻滚，如千条蛟龙搅湖闹海，似万匹银马奔腾驰骋……那块巨石就是传说中的虎跳石，这山摇地动的故事就发生在目之所及的虎跳峡的"上虎跳"。

　　虎跳石的来历源于一个悲伤的故事。金沙江、怒江、澜沧江和玉龙山、哈巴山原是五兄妹。三姐妹长大了，相约外出择婿。父母又急又气，要玉龙、哈巴去追赶。玉龙和哈巴抄捷径来到丽江，轮流守候，并约定谁放过三姐妹，谁就要被砍头。轮到哈巴看守时，玉龙刚睡着，聪明的金沙姑娘边走边唱，婉转动人的歌声使哈巴听得入迷，渐渐地也睡着了。金沙姑娘瞅准机

44 | 别样云南，别样风情

虎跳峡的标志性雕塑

感悟，云南的美你懂吗

会，从两个哥哥的脚边猛冲过去，大声笑着飞奔而去。玉龙无法违反约定，抽出长剑砍下了哈巴的头，哈巴的头落在江中就变成了虎跳石。

虎跳峡不仅深，而且窄。在"中虎跳"的许多地方，身入谷中，看天一条缝，看地一条沟，看江一条龙。头顶绝壁，脚临激流，令人心惊胆战，手上也会渍满汗水。"下虎跳"是地势较为宽阔的一段。这里可见两岸峭壁接天，宛若天然石门，江水夺路奔腾，卷起千层浪。在这里，依稀感受得到金沙江姑娘欢笑而去的愉快之情。

虎跳峡以险闻名天下，但其身边，仍不乏安居乐业的人民。无论阳光普照还是夜深人静，无论烈日当头还是在熊熊燃烧的火塘边，只要闭上眼，躺在安静的村庄，或者江水边的任何巨石之上，那奔腾的江水，劲猛的江风，都会使人隐隐地感到狂涛怒吼冲击着山峡，地面发出了微微颤动，好像自己睡在一只颠簸在波涛中的航船上，身体和灵魂一起战栗，从流漂荡。

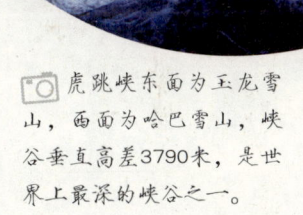

虎跳峡东面为玉龙雪山，西面为哈巴雪山，峡谷垂直高差3790米，是世界上最深的峡谷之一。

旅程随行帖

☑ 4~6月的春末夏初和9~10月的秋季最佳。这两个时段除了适合来虎跳峡徒步探险，还能看到玉龙雪山美景。

☑ 虎跳峡徒步路线是世界十大经典的入门级徒步线路之一。难度不大，沿途均有客栈可供食宿。

☑ 如去中虎跳，路上可让司机在上虎跳找个相对安全的地方停车看一下。路况很差，山上都是风化石，一阵风刮过就扑扑地往下掉，很多路段都路基下沉。

壮美深邃的虎跳峡

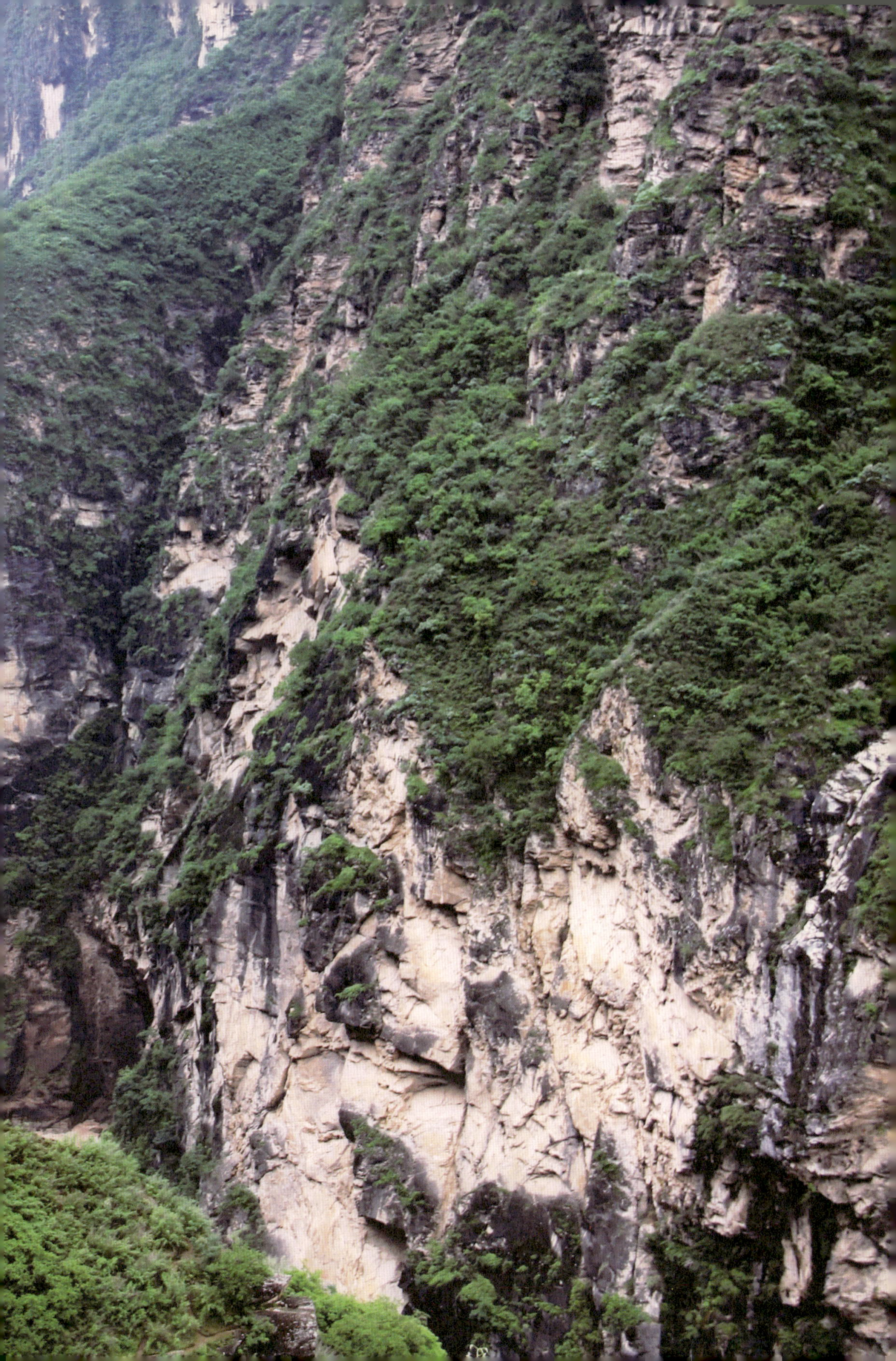

九龙瀑布群
屏幕一泻千里

纵横驰骋的狂暴，
乖顺细腻的温柔，
在同一个屏幕上，
交织上演。

像神话传说的美丽一样，九龙瀑布群的美丽是摄人心魄的。每一叠的瀑与瀑之间，或以湖泊相连，或以深潭相串，或直接以一个缓坡作为过渡。它们或险峻，或秀美，或倾泻，或慢洒，形成了一条辉映太阳的明珠彩带。

远望九龙瀑布，似一层一层的阶梯，高低不等，宽窄各异，仿佛从远山上流下来的碧水清泉；在比远方更为遥远的远方，也许就是天上的神水，从浩渺的天际降落到山顶，又从山顶奔流而下。

那呼啸奔流着的"九龙第一瀑"在数里以外就可听到它

感悟，云南的美你懂吗

的雷霆之声，恰似天河倾泻，万马奔腾，锣鼓齐鸣，有一种气吞山河的壮美。水流落在下面的深潭中，激起千万朵浪花，在阳光的照射下，闪闪发光，映出了彩虹的颜色。

九龙瀑布的各段都有各自的风采，碧日潭是深邃的，月牙湖是妖娆的，戏水滩是热闹的……无论张扬还是内敛，无论欢呼还是沉默，无论厚重还是纤细，它们都互为依托，互为映衬。这也是九龙瀑布群集体力量的结晶，相比其他独立的瀑布，九龙瀑布群更显磅礴和大气。

当像明珠彩带般辉映阳光的那一刻，尽管在喧闹之中，在光色的变幻之下，我们都听得见自己怦然心动的声音。

九龙瀑布群，位于罗平县城东北22千米的九龙河上。其中最为壮观的"九龙第一瀑"高度达60米，当地布依族人称之为"大叠水"。

玉龙雪山
传递千年的爱恋

　　曾经以为，香格里拉便是云滇最唯美的代言，但当玉龙那一抹最原汁原味的阳光洒满初晨的山巅，蓦然回首，才发现，原来，我们错了，大错特错！

　　玉龙雪山，位处丽江市北郊，玉龙纳西族自治县境内，为横断山余脉，濒金沙江，江秀山青、挺拔清丽，自古，便为云滇胜境、天下奇景。

　　丽江地区，近赤道，气候湿润温暖，酷暑常有，北风不度，在这样一个地方，落雪已是匪夷所思，有一座雪山，简直就不可想象，然而，玉龙却在无数人匪夷所思的目光中静静地矗立了千万年，不动不摇，从容淡雅，或许，化不可能为可能，才是它的本能吧，或许，也正因为它的瑰丽神奇，纳西族才奉它为"神山"，谆谆祝祷了一代又一代。

感悟，云南的美你懂吗

Chapter 01

藏在雪山深处的云杉坪，海拔3240米，纳西语称为"吾鲁游翠阁"，意为"殉情之地"。

在纳西族的古语中，氤氲着青藏高原东南奇秀、被誉为"世界最温暖雪山"的玉龙，并不叫玉龙，而是叫"欧鲁"，意为银色的山岩。

若，真的有一种色彩能代表玉龙，那这种色彩是银色吗？

或许是，或许不是。

事实上，这座以最低的纬度、最高的海拔、最瑰美的雪景、最如画的风光、最缤纷的色彩而蜚声中外的雪山，在最莽古的玄武岩与花岗岩的装点下，从来都是黑白分明的。白色的雪，黑色的山岩，泾渭分明，却又难得的和谐，纵便中间没有任何色调的过度，也丝毫不显突兀，甚至，这种突兀的黑白，还孕育出了白水、黑水两道蜿蜒了岁月的绮美风景。

白水河，在纳西古语中被称为吉盘吉，是一条潺潺着春花秋月、纤尘不染的小河，位处雪山蓝月谷内。石灰石、大理石镶嵌的河床在万里晴岚下将清澈明透的河水映成了一片可爱

玉龙雪山还是一座人类尚未征服的处女峰

的白，白水之名，亦由此而来。星辉融融的夜，偎着心爱的他／她，或仰首望青空、数数天上繁星，或俯首曳清流、迷乱另一片乳白色的"星空"，或执子之手、唱一曲天荒地老，或肩并肩地坐着，在宁静中一起守望天明，都是极浪漫的事情。若月落霜天时，恰逢霏霏细雨洒落，晶莹的白渐渐被纯净的天蓝晕开，绿树横斜，回清倒影，云烟连横，颇为雅秀。若彼时登临雪山主峰，遥遥而望，还能见山谷如蓝月半悬、白水映碧树婀娜，一派造化风度。

溯白水河，迤逦向左，远远地，便能见到一泓黛色横斜，那是黑水河。

黑水、白水同源而生，同向潺流，但风情却迥然相异。千年的玄武岩铺就了黑水的盛荣，浓云四合时，黛色的苍穹映着黛色的清流，蜿蜒屈曲，蜿蜒向不知名的远方，偶然，有几片黄叶打着旋落下，漾起的亦是一片天成的隽丽。

黑白落雨晚斜阳，雪自成觞山自强，黑水白水纵旖旎，在玉龙，最美的却还是雪，是山，是雪山。

玉龙雪山，南北绵亘近40千米，幅员辽阔，峰峦丛簇，有十三峰壁立千仞、姿容冶逸，海拔5596米的主峰扇子陡，虽非峻拔绝伦，但自古而今，却无一人登上过峰巅。或许，纳西族古老的传说并不仅仅是传说，这座如玉扇般悬于万里素雪、一派冰蓝中的山峰峰顶，真的有神人居住吧。春秋

感悟，云南的美你懂吗

📷 玉龙雪山下的纳西民居

　　晴雨、冬夏晨昏，不同的季节、不同的时间，玉龙雪山洋溢的自也是不同的风姿。

　　阳春白雪舞，风动扇子明，黑水白河、冰川绿雪、森林草甸、五色晴霞、蓝月倒影、巨壁流沙，漫步玉龙，一千个人能寻到一千种倾城，所谓千变万化，所谓人间胜景，所谓神秘绝丽，大抵，也便如是吧。

旅程随行帖

☑ 玉龙雪山运营中的索道有三条：冰川公园大索道（经常停运，具体运营情况参见景区官网）、牦牛坪索道（中索道）、云杉坪索道（下索道）。

☑ 大索道的终点在扇子陡冰川，沿着栈道向上至海拔4680米，是目前游客能够登临的雪山最高点，风景优美，能近距离的邂逅绿雪，但因为海拔极高，含氧量低，气候条件较恶劣，所以，身体不太好的小伙伴们最好还是慎往，毕竟，牦牛坪附近的高山草甸风情、云杉坪上葱郁的原始森林，其实也都很美。

梅里雪山
雪白圣灵前的膜拜

来过之前,

也许不曾有过信仰;

离开以后,

会为信仰再次而来。

  自古以来,梅里雪山就是藏族群众心中的一座圣山。它数百里绵延伸展的雪岭雪峰,孕育了深厚的文化意蕴。它以自身巍峨壮丽的姿态和神秘莫测的传说在广阔的天地间巍然耸立。

  在藏族群众心中,梅里雪山的每一座山峰的山神都统领着一方的自然,而卡瓦格博则统领整个自然界之所有。卡瓦格博——梅里雪山的主峰,无疑成了藏族群众心中的保护神。

  据传说,卡瓦格博是九头十八臂的煞神,后被降伏,从此改邪归正,皈依佛门,又做了格萨尔王麾下一员剽悍的神将,统领边疆之地,福荫雪域高原。卡瓦格博神像常被供奉在神坛之上，他身骑白马，手持长剑，雄姿英发，气宇轩昂。这反映了雪山之神在藏族群众心中的形象。

"卡瓦格博峰顶是个极乐世界，那是天神们聚会的地方。在那里有一座绚丽的宫殿，屋顶用金灿灿的黄金盖成，中间是绿油油的松耳石墙壁，底座由五光十色的花玛瑙筑就，梁柱上镶嵌着蓝色的宝石，四壁装饰着纯金和玛瑙。雪山之神卡瓦格博就在那里居住。"这是《格萨尔王传》中的一段小诗，即便早已无可考证，听起来，却足以让人心驰神往。在拉萨甚至还有这样的说法：登上布达拉宫便可在东南方向的五彩云层之中看到卡瓦格博的身影。

卡瓦格博的景之美、峰之高是毋庸置疑的。

最美莫过恰逢天高云淡的时候，那清远澄净的蓝天，映衬着高大雄伟的雪峰，一种恍如隔世的感觉涌遍全身。山体由下而上色彩变幻多端，从暗淡到明朗，再到银白、耀眼，卡瓦格博峰白色的锋芒从淡淡的几片白云间穿过，直指苍穹，在广阔明净的空间绘出一道白得耀眼的线条。偶尔，会出现"破天"的奇景，在湛蓝湛蓝的天底下，卡瓦格博四周洁净，仿佛天地间只有这样一个庞然大物存在。山体的云气上升，在山尖凝结成云层。而卡瓦格博如同一柄锋利的宝剑，刺破青天，直插九霄。这时，湛蓝的天就像出现了

📷 刺破青天的卡瓦格博

日照金山的奇景

一个灰白的洞口一样，不知道是天在吸纳着山顶的灵气还是把上天的灵气输灌给了山峰。

或者它的的确确在和天宫的神灵说着什么，传递着人间的各种信息和信念。不过，这种在晴空下可将整座卡瓦格博一览无余的机会并不是经常出现的。更多时候，云就罩在雪峰之上，或盘旋于山腰，早已分不清是真是幻了；更或者，是梅里雪山本身厚厚的白茫茫的积雪。整个雪峰朦胧神秘，缥缈虚无，越发神奇莫测。仰望眼前的世界，一片白色，苍苍莽莽，迷失在其中是情有可原的。而这时，你就可以听见雪神的声音，心灵中充满了圣洁的思想。

故而，卡瓦格博峰成了藏传佛教的朝觐圣地。在藏族聚居区流传的《指南经》中，登山沿途所有景物都有指引和解说，所有景物都成了佛的印迹和灵物。据佛教说，佛性的有缘之人都可在"转经"时得如意，护佑今生来世。因此在转经路上，可以随处见到许多刻写着朝拜者心愿的印迹。每年的秋末冬初，成千上万的藏族群众牵羊扶拐、口念佛经、绕山焚香，进行朝拜。据说梅里雪山属羊，若逢藏历羊年，转经者更是增至百十倍。

朝拜的人群就像一支庞大的仪仗队一样，像奔涌向前的潮水一般，向山上渐渐蔓延。远远望去，如移动的森林，植满了卡瓦格博的山体。虽然有时山上的风很大，吹得人几乎睁不开眼睛，甚至还会让他们不得不紧贴在大地之上，躲避汹涌的风雪，但他们从没放弃过前进的意愿，依然顽强地站起来，"双手合并置于头顶，手印置于喉际，再置于心际，俯身双手着地，向前平伸推出"，口念箴言，一步一叩首地绕山行进。站起来，他们就是山的

梅里雪山的壮丽景色

一部分；倒下去，他们就是大地的一部分。他们早已经和这片山、这片土地融为一体了，再没有什么能够将他们分开。

　　这其中，有僧众，有妇孺，有老人，有各种对生活充满了希冀的人。他们成群结队地围绕山体膜拜，心存虔诚，目不斜视，每个人都对雪神诉说着自己的愿望，每个人都仿佛实现了愿望一般，静心地祈求。这种朝圣少则几天，多则数月，在外人看来，是一种充满了苦难的行为，可在他们心中，此时早已没有任何困难，风霜雨雪都无法阻止他们朝圣的脚步。他们叩击大地的声音仿佛就是在接纳雪神的指引，山、雪与人形成了完美的统一。

　　此时，满山的人群，五彩的经幡，遍布的印迹……都在精神的世界里定格成永不消逝的记忆。

　　也正因对信仰的虔诚，偶有朝圣者跪于山间，或卧在山脚，以一种永恒的姿势结束了自己在人间的旅程。更有甚者，从山腰纵身跃入悬崖之下，在雪神的怀抱里静静地安眠。在当地人看来，这是一种超脱的象征，人的灵魂得到了雪神的召唤，自此向雪神更近了一步。不管怎么样都好，几乎每一个朝圣的人，都满载着自己的故事。或祈愿，或还愿，或等待雪神的指引，或感恩雪神的眷顾……这里的每一株草因此都写满了朝圣者的思想，每一粒雪都折射着雪神的暗示。

　　如果有一天，生活中的苦难席卷而来，或厌倦了世俗的喧嚣，不妨走进梅里雪山，走进神奇的卡瓦格博，重新拾起生活的勇气和信心。

西山
滇中第一佳景

它的性格，
就是这个城市的性格；
它的信仰，
远远超过了自身的高度。

"卧佛化身睡美人，满腔热泪洒红尘。海枯石烂情不变，地久天长恨不泯。"

这就是从古代即被称为"滇中第一佳景"的西山。在昆明的西郊，西山宛如一位美女卧在滇池岸边。她的头、胸、腹、腿部历历在目，清晰可辨。那丝丝青发飘洒在滇池的波光浪影之中，丰姿绰约，妩媚动人，所以西山又叫"睡美人山"，至今也还流传着关于"睡美人"的动人传说。

相传很久以前，在滇池岸边，有一对真心相爱的青年男女，男捕鱼，女织网，生活得很幸福。小伙子为了表达对姑娘拳拳的爱意，驾着小舟到海中为她采取海菜花，结果一去不返。一天又一天，姑娘思念着小伙子，悲恸欲绝，昼夜长哭，眼泪流了五百里，成了滇池；最后泪尽而逝，身躯化为湖滨山峦，长发则散于草海之内。从此，这山便被称为"睡美人山"。

如果说滇池是昆明的一颗明珠，那么，西山就是昆明的一块宝玉，而它的浓荫密林中隐现的几座各具特色的古建筑——华亭寺、太华寺、三清阁、龙门就是这块宝玉上最耀眼的地方。

"一水抱城西，烟霭有无，挂杖僧归苍茫外；群峰朝阁下，雨晴浓淡，倚栏人在画图中。"

这是明代谪居云南的四川新都状元杨慎为华亭寺写的对联，贴于天王殿的门口。华亭寺坐落在西山之腹，殿宇宏伟，庭院宽敞，布局严谨。庭院内四季都弥漫着花香木香，千年古刹幽静雅致，连寺内的僧人都格外神秘，踪迹飘忽，仿佛修炼成了金身般，于苍茫中消失。寺内的大雄宝殿有五百罗汉，层层叠叠地立于各自的位置上，井然有序，造型各异，栩栩如生。冥冥中，仿佛已经被他们引领着进入了佛家圣地，心灵纯净得出奇，只想一心向善，皈依佛门，忘却红尘俗世的纠缠，抛却七情六欲的牵绊。

太华寺的名字源于它所处的位置，即西山的最高峰——太华山的山腰。寺内名花荟萃，争奇斗艳；修竹茂盛，古树成林。晨可观日出，感受红日新生之壮美；夜则登高楼，俯视万家灯火之温馨。太华寺以它的一花一草装点着西山，以它的高度俯瞰着众生，也在护佑着滇池和西山一带的芸芸众生。

"半壁起危楼，岭如弓，海如镜，舟如叶，城廓村落如画，况四时风月，朝暮晴阴，试问古今游人，谁领略万千气象，九秋临绝顶，洞有云，崖有泉，松有涛，花鸟林壑有情，忆八载星霜，关河奔走，难得栖迟故里，来啸傲金碧湖山。"这是三清阁的"飞云阁"中的一副对联。"三清"又称三清天、三清境，在道教三十六天中仅次于大罗天。这里清静悠远，处处都

📷 聂耳墓前，"人民音乐家"聂耳的雕塑。

有香烟缭绕，终年香火不断。远望去，仿佛西山的山间有仙人居住，他从天上带下可驾驭的云雾来到人间，选择这处场所用来修身养性，也为西山披上了一层仙风道骨的面纱，神秘且美丽。

"不要西山等于不到昆明，不到龙门只是白跑一趟西山。"在昆明，自古就有这样的说法，时至今日，依然流传甚广。龙门是整个西山上龙门石窟的精粹所在，也是西山的精粹所在。它的整个工程都是在一块天然岩石上精雕细刻而成的，构思奇巧，工艺精湛，令人叹为观止。可是只要仔细观察，就会发现一处瑕疵：魁星手上的笔尖是后来安上去的，并不是出于一气呵成的雕刻工艺。相传，有一位参加雕凿石室龙门工程的师傅，与伙伴们辛苦了十余年，大功即将告成。他在最后刻魁星手中的朱笔时，由于婚姻的不幸让他精神分散，在沉重的心情负荷下不慎将笔尖凿断，使得本来很完美的一件艺术品留下了缺憾。他看着十全十美的作品毁于一旦，辛辛苦苦的付出前功尽弃，伤心至极，竟然纵身跳下龙门。后来，他献身艺术的动人故事与石窟一道流芳千古，为后代所传颂，成了龙门又一笔宝贵的财富。

龙门入口处有一圆柱石坊，上书醒目的"龙门"二字，并刻有元宝。据说用手摸一下能保佑人财运亨通，吉祥如意。经过岁月的迁移，"元宝"早已是油光可鉴了。门口处另有一个石栏转护的半圆形小月台，站在月台上迎天风、下临绝壁，眺望五百里滇池烟波浩渺，云蒸霞蔚。湖面鸥飞燕翔，白帆点点。更远处，青山如黛，白云如雾，绿树如茵，沃野如画，令人飘飘欲

📷 西山龙门，一段完全在石壁上开凿出来的工程。

仙，仿佛身在天宇，或身在云端，清风带来的舒爽荡满襟怀。

转过身，回顾龙门石室：门口，雕有香炉供奉；石室正中雕有魁星，是道教尊为笔点造化的文章之神，又叫文曲星；北面雕有文昌帝君，为主宰功名和禄位之神；南面雕有关圣帝君，就是关羽，为伏魔降妖的武功之神；石室两侧墙壁下方刻有天马奔驰图，天棚上祥云缭绕，仙鹤双飞，尽是绮丽的想象；石室正门的顶端刻有"达天阁"三字，中柱上题有一联，上书："举步维艰，要把脚跟站稳；置身霄汉，更宜心境放平。"可见，龙门早已被世人奉为天上人间了，也在告诫世人一些处世哲学。来过此地的人，都会醍醐灌顶一般地离开，一边微笑，一边点头，仿佛揭开了谜团一样，或者解脱出来了一般，大概是因为参透了龙门的玄机吧。

所谓的"三月三，耍西山"的习俗，已成了昆明人登高踏青的传统盛会。届时四方市民云集聚会，游人如织，唱山歌、对小调、耍龙舞狮、野餐赏景，热闹非凡。西山从山脚到山腰，再到山顶，会被人们一圈一圈地缠绕，在香炉袅袅的烟雾中，人们追逐着更美好的生存方式。

"山不在高，有仙则名；水不在深，有龙则灵。"西山并不高，但它闻名遐迩，举世称赞。因为这里有众多的寺观，有众多保佑人们的神灵，有富有灵性的滇池守卫，有幻觉一般的龙门……

如果滇池流淌的是昆明这个城市的灵魂，那么西山就是这个灵魂的安居之地。

西山中仙境般的景色　　　西山习武楼

苍山
一片云便是一个传说

如果，一片云就是一个传说，
满山的积雪，
是否就是，
让人无法自拔的痴迷。

"五月滇南烟景别，清凉国里无烦热，双鹤桥边人卖雪，冰碗啜，调梅点蜜和琼屑。"这是词人杨升庵在《滇南月节词》中对大理"五月卖雪"情景的生动描述。据说早在明代，炎天五月，当地的白族人从山顶取下"阴崖古雪"，调上蜜汁黑梅，便成为沁人心脾的清凉饮料，能够一解炎热带来的烦躁。"五月卖雪"由此而来，这种景观和特色也让苍山屹立得独具风骨。

至于苍山上为何炎天赤日雪不融，或许从当地那个美丽的民间传说中可以得到答案。相传在古代，有一批瘟神在大

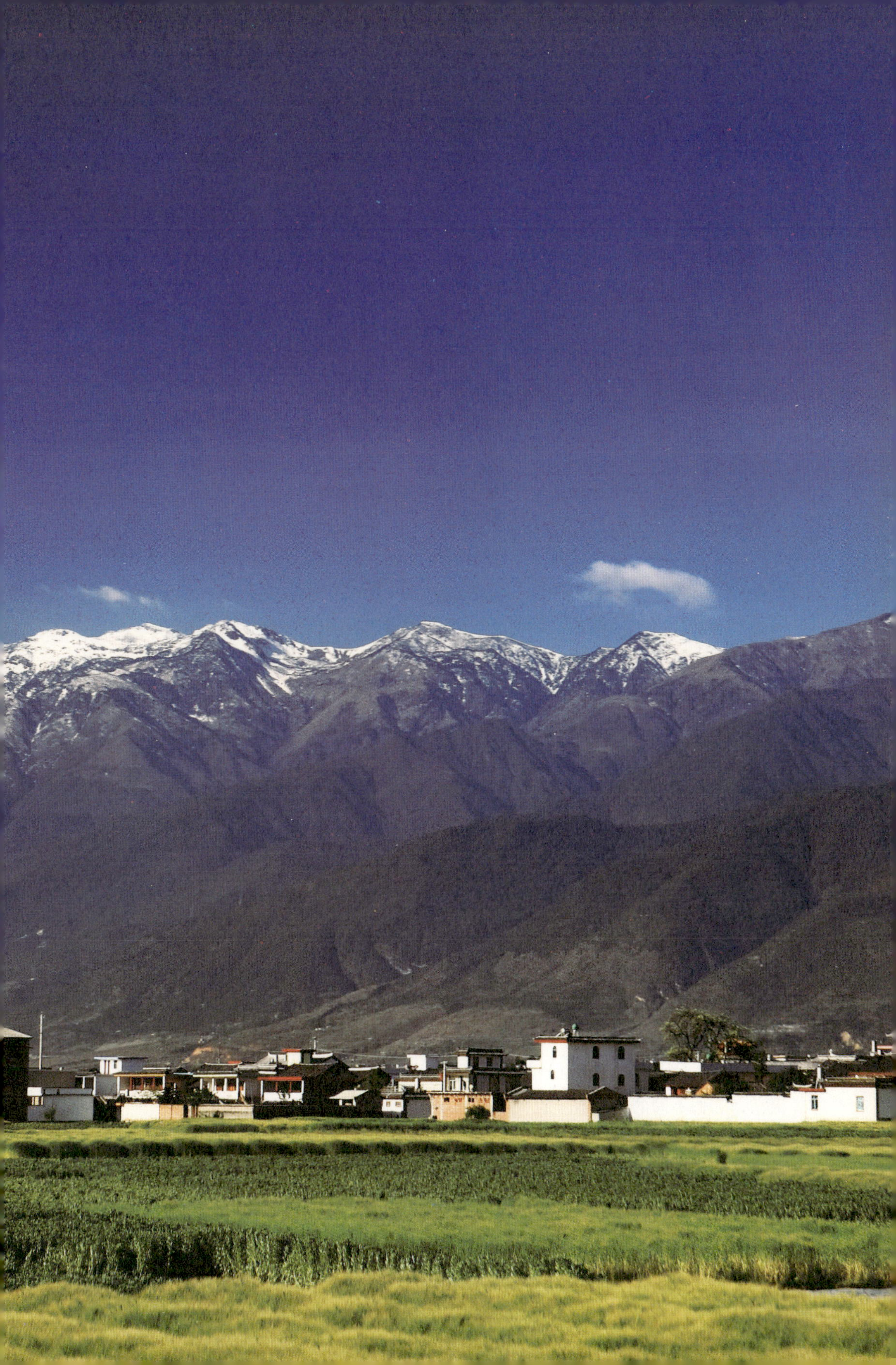

理坝子中横行霸道，毒害人民，使得"十人得病九人亡"。这时，白族的一对兄妹为拯救白族人，在观世音菩萨的指引下学习法术，学成归来后将那些瘟神全部制服，并把它们驱赶到苍山的山顶，让大雪冻死。为了让瘟神永不复生，妹妹还在苍山变成雪神，永远镇住苍山上的瘟神，这就是"苍山雪人峰"，峰上有千年不化的白雪。这也是典型的中国传说：英雄最终牺牲，化为最伟大的丰碑。

苍山上一条名为"七龙女池"的瀑布

苍山因此而更加神秘，但苍山雪真正的美丽却远不止于此，它还是大理"风花雪月"四大名景之一。远看百里点苍，永远白雪皑皑，素裹银装，俨然一个玉砌的银色世界。在南疆的阳春三月，在繁花似锦的季节里，苍山的雪线以上仍堆银垒玉般沉积着厚厚的积雪，看不出一丝融化与迎接春天的痕迹；即便盛夏时节，当苍山山腰的沃土上早已苍翠欲滴时，但峰巅及附近一带，仍紫云载雪。那些雪兀自地白着，堆积着，仿佛一定要堆积出风格一样，一丝不苟地坚持着自己的梦想。

苍山雪在很多人的眼里是骄傲的，固执的，像被宠坏的孩子。它们终日、终年在山顶上玩耍，更像终年都在学着大人的样子默默地沉思，思索一个幼稚的问题，或者深邃的道理。似乎无暇顾及的样子，从来不考虑别人仰望的眼光，即使看见人头攒动中的猜测和质疑，也丝毫不予理会，依然仰望着火辣的太阳，享受着日光浴带来的安闲。

苍山雪不仅仅只沉积在一两座山峰之巅，更是遍布苍山所有的十九峰。这十九峰互相连接，各种颜色交织在一起，如一个不可思议的拼图，组成一个和谐的整体，又好像树干和根的关系。它们的根在地下紧紧地抱在一起，地上的部分就支撑起各自的巍峨。峰与峰之间，又都有清澈见底的溪流，滑过苍山的肌肤，顺势流下，映照着苍山千百年来的风雨沧桑和瑰丽华美。远望苍山十九峰，极像十九把利剑，永远闪亮着银白的剑锋，寒光四射，直插天宇，它们不同的姿态成了世人眼里缥缈的梦幻。

所以一直以来，苍山雪就是苍山的象征。大理素有"苍山雪，洱海月，洱海月照苍山雪"的说法，其实不假。苍山立于洱海之畔，苍山因洱海更加俊朗，洱海因苍山更加秀丽。那变幻的山云，低吟的山泉，高贵的山花，灵巧的动物，多彩的奇石，无不诉说着苍山和洱海的绝美秀丽；"望夫云"就是苍山和洱海亲密无间的佐证。"望夫云"有个十分久远的传说——南诏国王的女儿与一个猎人相爱，结果未能打破世俗的枷锁，被迫逃到玉局峰顶结为夫妻。公主难耐高山寒冷，猎人便到海东罗荃寺盗取法师那件冬暖夏凉的袈裟，结果被罗荃法师发觉，施法术将猎人打入洱海，化为一颗石螺。公主在山上苦苦等候也不见丈夫回来，忧郁而死，而她的精气化为山云。每当此云出现，洱海便浊浪排空。这是公主努力地吹开海水，想多看一眼葬身海底的丈夫。如传说中的那样，"望夫云"常出现于玉局峰顶，是春冬两季的宠儿。只要它一露身，洱海随即狂风大作，掀起阵阵惊涛骇浪，连渔船都无法出海，它因此又被称为"无渡云"。

苍山上还有一种性情温柔的云，叫作"玉带云"。它的传说远不及"望夫云"那般撼动人心，催人泪下，却美丽异常，令人心醉不已。依照白族古老的农谚所说，"玉带云"是丰收的预兆，自古就有"苍山系玉带，饿狗吃白米"的说法。它常出现于夏末秋初，每当山雨过后，苍山就会飘过朵朵白云在松林上空悬浮，并逐渐汇集在苍山半腰，而后迅速向两端延伸，好似一条洁白的玉带，横亘百里，竟日不散。横亘在了历史和今天之间，不管多少岁月匆匆流逝，它依然如最原始的模样。

苍山是历史的，因为侠义的世界里有它的巍然，刀光和剑影总是折射着它的尊崇；苍山也是平和的，因为古朴的生活里有它的秀美，清泉和碧溪总是流淌着它的神韵；苍山又是梦幻的，因为纯净的心灵里有它的神秘，遐想和憧憬总是不知所措地对它痴迷……

苍山，又名点苍山，古时称为熊苍山、琻苍山，由十九座山峰由北而南组成。

滇池
上苍的眼泪

　　在一座繁华的都市身旁，
　　风华绝代却淡泊低调，
　　博大精深但从不张扬；
　　在苍茫茫的红土高原上，
　　静悄悄地，
　　停泊成岁月的符号。

　　像它本身陷落的形状那样，内敛、静默、深沉。而它的形体似弓一般富有张力和曲线的美感，又似一弯淡淡的弦月，古往今来，不知勾起了多少游人对它镂心刻骨的记忆，也不知勾起了人们多少天马行空的遐思，且要延绵不断地继续下去。

　　仅从位置上看，滇池位于昆明市南的西山脚下，也是云南最繁华的都市之地。可从性格上看，滇池的沉默寡言

感悟，云南的美你懂吗

📷 据说，滇池旁边的西山又叫作睡美人山，是由一位美丽的女子化成，滇池就是她流不尽的眼泪。

与都市的喧嚣又大相径庭。假如把昆明比作一个朝气蓬勃的少年，每天都行走在追逐梦想的阳光下，那么滇池，就是一位历经风霜的智者，或者是一位隐居山野的世外贤士，宠辱不惊、平和淡泊地生活在纯净的自然当中，呼吸天地之雨露精华，吐纳珠玉之灵光宝气，让人颇感神秘，又让人为之深深着迷。

辽阔的水面，在众多绚丽多姿的绿树簇拥之下，在周围高低起伏的山峦之间。一眼望去，你不会觉得这是湖水，因为湖水似乎没有这么磅礴到一望无垠；你也不会觉得这是大海，因为滇池远比大海清秀婀娜，甚至还带有几分妩媚和妖娆。可是不管怎么样，你都会仔细地端详它的芳容，因为这样的美足以偷走你的灵魂，当你脑海中诗意盎然或是一片空白的时候，占据你激动不已的心扉。

对湖水的欣赏和感叹，因视角的不同、心境的多样，所收获的美感也截然不同。观赏滇池较为有深刻感触的视角是站在龙门上俯瞰。早晨的时候，看它的烟波浩渺，若隐若现的神秘和飘逸，似乎是天上的宫阙和人间仙境。中午的时候，鸟群已经飞过，可是鸣叫还撒播在湖面上，和水波一起跳动、荡漾，和阳光一起破碎和浮沉。傍晚是滇池最让人惬意的时候了，当西山隐去了些许的余晖，滇池的温馨和秀美就可以一览无余。湖面上泛着橘红色的光，那么安静，那么安逸，那么安详。仿佛时间因此而停止，思想顿时凝固不前。假若脑海中还有什么闪念的话，那一定是：希望这一停就是千年。

滇池上有一种稀有的动物同样获得了游人的垂青，那就是成群结队在湖上盘旋飞行的那些啾啾鸣叫的红嘴鸥。有时渔民们刚捕捉到一些奇特又活泼的淡水鱼，它们就飞过来争抢了，而且并不惧怕人。可能它们早就和当地的居民打惯了交道，早就成为昆明的一部分了吧，所以相处起来，那么融洽、和谐。

无疑，滇池是美丽的、富饶的、亲切的。千百年来，它置身在静谧的

别样云南，别样风情

状态中，华丽却不狂放，高傲但不张扬。它亘古地静静流淌着自己的脉络，避开了尘世的喧嚣和俗气，周而复始，从不间歇。大概正因为如此，它才少了许多商业旅游的氛围，淳朴得像年幼的孩子一样，真实得让人感动。猛然间，你可能想不出用一个什么样的词语将它完整地概括下来，淳朴、洁净、坦诚、粗犷、雄浑、厚重，好像都不是，又或者兼而有之吧。总之，滇池给人的印象是它始终都忠实地秉承着红土高原的一切风格和特点，又将这样的风格尽情地展现在广袤的宇宙之间。

借用"博大"这个词来形容它，似乎还算贴切。

当20多个少数民族所带来的20多种文化和习俗在它肌肤上冲突和交流的时候，当穷兵黩武和休养生息交替着演绎纷繁的历史的时候，滇池渐渐地看淡了世俗的纷扰和浮华，把所有的这些都融入了自己博大的胸怀中，又历尽了多年的洗涤和过滤，才让西南高原上的众生在它的耳濡目染下如此和睦且如此淳朴，如此神秘又如此快乐；才让自己继续恬淡地流淌着人间的真情；

昆明滇池，古名滇南泽，又称昆明湖。

才让孙髯翁被滇池海纳百川般的胸襟所陶醉和征服,在大观楼豪情挥笔,成就了抒发激情的那幅"古今第一长联":"五百里滇池,奔来眼底……"

滇池是沉默的,是躲开人世间的繁华,静静地泊在高原上的。可这其中,却还有一位鲜活的人物伴随着它——郑和。郑和下西洋的故事无须赘述,只要你了解了滇池这样深邃而又深刻的湖水,你就能推断出它所养育的那些时代的弄潮儿会在历史的画卷上多么鲜艳和鲜活。郑和的壮举也是滇池开放的写照,当初大明王朝的壮丽船帆正是从这里高高扬起!

每一位来过这里的人都会刻下种种不同的感受,但一定有一种同感,那就是——当你站在静谧的夜空下,静谧的滇池边,你也会因它的博大而静谧得出奇。那一刻,任天地肆意地虚无,你在虚无里,在苍茫间,在淡泊中,不自觉地,就成了滇池的一部分。

红嘴鸥是滇池上一道独特的风景。

洱海
和水中月秘密私语

那个月夜,
我曾经迷失于闪亮的湖边,
迷失于不敢想象的梦幻仙境,
和梦幻心情。

"苍山雪,洱海月,洱海月照苍山雪。"

在巍巍的苍山脚下,有一片湖水。这里波光可鉴,无论阴雨绵绵的日子还是风和日丽的时候,湖水总那么清澈剔透,洗尽一切尘埃,兀自地洁净,再洁净。最惬意的时候,是听着那个古老的传说,依着湖水,端详天上的月牙儿,和水中的月影私语。

据说,数万年前,天宫中有一位漂亮的公主,极其向往人间的幸福生活。于是下凡来到洱海边上的一个渔村,与一位渔民结成夫妻。公主为了帮助村里的渔民们过上丰衣足食的生活,就随手一抛,将自己心爱的宝镜沉入

湖底。这样，鱼群就被镜子照得一清二楚，渔民们就可以不费吹灰之力打到更多的鱼。从那以后，宝镜就在湖底变成了金色的月亮，放着耀眼的光芒，为世世代代的捕鱼人照明方向，于是那个镜子成了闪耀大理的四大奇景之一——"洱海月"。

自古以来，月亮被不可计数的诗人、词人写成千古流传的美景，月亮本身的美不言而喻。可是洱海的月亮，却是别有风味的。明代诗人冯时可在《滇行纪略》中说，洱海之奇在于"日月与星，比别处倍大而更明"。月明之夜，乘一叶扁舟，邀上红颜知己，划至湖中央，放开双桨，任小舟飘飘摇摇，随湖水微微摆动。一切的爱慕之情，所有的海誓山盟，都会在这样明亮的夜色中开启通往幸福的大门。天空中有黄金一般的月亮为这样的爱慕做证，湖面下有笑微微的月影倾听发自心灵的诉说，诗情画意的何止是景色？而每到农历八月十五中秋节的晚上，居住在大理洱海边的白族人家都要将木船划到洱海中，举家欣赏倒映在湖中的金色月亮，或小饮取乐，或歌唱言欢，或轻舞助兴，或描摹梦想……此时的天光、云彩、月影和湖水相映成趣，宛如一幅优雅的画卷，画满了闲情逸致。

即使不在月圆如轮之夜，天空中依然有月儿摇着金色的手臂，清辉灿灿，一尘不染，仿佛刚从洱海中沐浴而出。湖水中，依然有清澈的倒影遥相辉映。看着看着，水天相接，交融一起，竟分不清是天月坠落，还是湖月升空。一切都仿佛梦幻的样子，梦幻的颜色，梦幻的感觉。

洱海之美，还在于水。清晨，湖面上薄雾轻笼，烟波缭绕，迷迷茫茫的一片，朦胧成一种奇幻；若等到东方日出，烟雾渐渐隐去，洱海就揭开了神秘的面纱，展露出秀美的面容；而后，朝阳升腾，湖面波光粼粼，或金黄，或银白，湖面上开始有渔舟扬帆，生机无限；夕阳西下，晚霞映照，归舟泊岸，渔歌唱晚，湖水又归于极度的平静；夜晚，微风拂水，涟漪荡出随意的波纹，互相推挤着拥上岸边。洱海的一天里充满了悠闲和洒脱，周而复始地流过一个又一个世纪。

📷 洱海之中的小普陀，又名海印。

每当风和日丽时，湖水就更如镜子一般了。举目远眺，湖边苍山的积雪倒映水中，湛蓝的天空、纯白的积雪、碧绿的湖水、苍翠的山体相映生辉，偶有若隐若现的银色海鸥掠过水面，给人以宁静而悠远的感受，一幅水墨山水就不加雕琢地铺展在眼前，迷人到无以言表。这时泛舟洱海，就可以领略那"舟行碧波上，人在画中游"的深幽意境了。

在洱海，或湖边，或湖上，它那镜子般的湖面总会让人心旷神怡，神清气爽。仿佛一切的混浊和污垢都可以在接近洱海的一刻遁于无形，化为乌有。洱海，这颗"高原明珠"总是给人纯净之感。这纯净，足以让人为之感动，为之震撼。当带着满身的欢喜来到洱海之上，自身的欢喜变成双倍的欢喜；当带着一脸忧郁来到洱海之上，这伤人的忧郁就会被它的纯净所吸收。

洱海月，洱海水，不知让多少旅人迷失其中。那一刻，与其说心是纯净的，不如说心是空白的。一切景物好似皆在梦幻中，那山，那水，那平静如水的心情。

碧塔海
童话里的朦胧

英雄和仙女从这里路过,
洒下一袭朦胧的烟雾,
后来,
这里就到处充满了童话。

相传天女梳妆时不小心把自己心爱的镜子碰落了,落在了群山之间,镜子也就被群山撞碎了。那些破碎的镜片,形成了许多大小不等、形状各异的高原湖泊,碧塔海就是其中一块镶有绿宝石的最美的镜片。另一个更加广泛的传说是——碧塔海就是《格萨尔王传》中所提及的"毒湖",湖中那个梦幻般的小岛就是岭地英雄格萨尔王镇压魔鬼的地方。

从那以后,碧塔海被赋予了神秘的色彩,也成了藏族人心中的"神山圣水"。它之所以神圣,不仅是因为它曾经散发着仙女的胭脂香味、镇压过无恶不作的魔鬼,也缘于这里神奇宏伟的山水风光自然地显现了藏传佛教中的"吉祥八宝"和众生颂扬佛

经的景象。藏传佛教的"吉祥八宝"按宝瓶状构成了吉祥八瑞图，分别为宝瓶、妙莲、法轮、金鱼、吉祥结、宝伞、胜利幢和右旋白螺，而这些，在碧塔海的身上仿佛都能辨认得出。

有篇文章曾经这样描述碧塔海："它柔中带刚，是以雪山让人见之油然生崇拜之情的。因为它挺拔，又带着几分冷峻，是那种超然又高高在上的感觉，也是可望而不可即的感觉……好像一个遥不可及的情人。"

这就是碧塔海给人的最直观而又最深刻的感觉。因其生在高原，流在高原，让人带着仰望的心情逐步地接近，好像朝圣一般地向上攀登，就为了一个刻在脑海中的信念，再多的努力和苦难在见到它之前都是微不足道和可以忽略不计的。可是，当欣喜若狂地见到它之后，却又不得不望而生畏地站在离它很远的地方。因为害怕这是一个不确定的真实，害怕这么让人心醉的美丽瞬间消失，害怕自己不能够走进它的美丽，更怕因不能够把它的美丽带走一丝一毫而徒生遗憾甚至悔恨。有些茫然，有些失落，有些欣喜之外的淡淡的哀伤。

碧塔海最最负盛名的是"杜鹃醉鱼"。在碧塔海的四周，长满了高大的杉树和鲜艳的杜鹃。春夏之际，杜鹃花竞相开放，争奇斗艳，妩媚动人，如

感悟，云南的美你懂吗

📷 碧塔海的一个很著名的生物奇观是湖面上漂浮着成片生长、厚达50厘米的草排，形成一个个流动的水生植物世界。

📷 碧塔海的生机

一个艳丽的花环镶嵌四周。当杜鹃花从枝头吹落，姿态曼妙成花雨坠落湖中，片片花瓣就像片片小船，在湖面上荡漾出一圈又一圈的波纹，引得无数小鱼竞相浮出水面唼喋。因为这种高山杜鹃含有微毒，食后虽不致有生命危险，却足以令那些小鱼昏昏醉倒，仿佛是沉醉在花香中一样。它们或翻着白肚皮漂浮在水面，或摇摇晃晃争着脱逃，样子十分乖巧。深山里的老熊却一直匍匐岸边，等待着夜幕降临，笨拙地走到湖水之中，伸出双掌憨态可掬地抄取小鱼。杜鹃的摇曳，小鱼的酣睡，老熊的鞠躬，月影，连着粼光闪闪的碧塔海，构成最美丽的童话。

因为碧塔海的纯净，在高原上几乎没有给任何污染以可乘之机，所以鱼类资源保存得十分完整。风格和神态各异的鱼儿一起生活，一起游戏，堪称一个精彩的水里世界。其中有一种被生物学家命名的"碧塔重唇鱼"，据说是第四纪冰川时期留下来的物种，距今已有250万年的历史了。

碧塔海因为原生态的物种美得独具一格，不加雕琢的草地和不加粉饰的高山，拥抱着古朴而热情的碧塔海。在它们博大的胸怀中，碧塔海从远古中流淌出无尽的梦幻，杜鹃在梦一般的翠绿中绽放，生灵在梦一般的碧绿里漫步，人们在梦一般的童话里生活！

泸沽湖
恰似一个原始村落

是古朴的人，
还是柔美的水？
成就了别人的，
前世今生的梦。

最开始听说"女儿国"的字眼，是缘于《西游记》。那里的城墙、宫殿、群臣、子民，乃至河水都极富女性的阴柔之美，升腾着女性神秘的气息，甚至连剧中那段《女儿情》都唱得如此柔美，如此妩媚："鸳鸯双栖蝶双飞，满园春色惹人醉……"

《西游记》里的女儿国似乎不是泸沽湖边上的一个国度，因为这里千百年来依旧保持着古朴的民风，原始得像一个与世隔绝的村落。女儿国里的河水和泸沽湖想必也没有什么联系，取而代之的是另一个让人深深感恩的故事：

Chapter 01

感悟，云南的美你懂吗

📷 *格姆女神山——狮子山*

  在很久很久以前，这里曾是一片人迹罕至的村庄。村里有个孤儿，每天都替人到山上放牧。一天，他梦见一条身形巨大的鱼对他说："善良的孩子啊，你太辛苦太可怜了！从今以后，你再也不必带午饭上山了，饿了就割我身上的肉吃吧，你一定会吃得很饱的。"这个孩子醒来后，依循着在一个山洞里找到了梦境中的那条大鱼。他试着割下一块鱼肉，果然是香喷喷的。第二天，他发现前一天割过肉的地方又长满了肉，无穷无尽。没过多久，这件事被村里一个贪心的人听说了。他为了要把大鱼占为己有，就找来了一些贪财之徒，用绳索狠狠地拴住鱼身，让9匹马9头牛一齐使劲向洞外拉。当大鱼被拉出洞口，洪水喷涌而出，顷刻间就淹没了整个村庄。那时，村里有一位摩梭女人正在喂猪，她的两个年幼的孩子在旁边快乐地玩耍。母亲见洪水冲来，情急之下，顺手把两个孩子抱进猪槽，自己却因为无法脱险而葬身水底。两个得救的孩子坐在槽里顺水漂流，后来，他们成了这个地方的祖先。人们为了纪念那位伟大的母亲，就用整段的木头做成了"猪槽船"，泸沽湖因此被称为"母亲湖"。

  在母亲湖的北岸，屹立着一座秀丽的"格姆"山，也因形似昂首卧倒的狮子而被称为"狮子山"，这就是孤儿放牧的那座山，当地的摩梭人将它视为自己的保护女神的化身。泸沽湖一带的青山碧水，绿草红花，都因为美丽的神话和传说被赋予了女性的色彩和光辉，泸沽湖因此成为纯粹意义上名副其实的"女儿国"。

最能散发女性气息的当属泸沽湖水了。整个湖面的自然造型十分优美，像一个古朴而又宁静的睡美人，静静地躺在青山环绕的怀抱当中；而周围的山峦，也都轻扭腰肢，各尽妖娆。清晨薄薄的雾气是它蝉翼般的面纱，飘浮着朴素的香玉之气；白天阳光照耀下那些洁净的湛蓝是它迷人的穿着，庄重而不古板；深夜里的微波跳动是它的窃窃私语，充满了关爱和体贴。

当置身其中，看水天一色的婀娜，缓缓滑行于碧波之上的"猪槽船"和徐徐飘荡在水天之间的摩梭民歌，就更使泸沽湖增添了几分古朴，几分宁静，几分柔美。如前人诗中云："泸沽秋水阔，隐隐浸芙蓉。并峙波间鼎，连排海上峰。倒涵天一碧，横锁树千重。应识仙源近，乘槎访赤松。"

泸沽湖不仅以它的自然之美使人流连忘返，而且以其独特的风俗民情引人入胜。在这如诗如画的湖光山色之间，生活着世界上罕见的延续着母系氏族特点的摩梭人。泸沽湖畔也是人类母系文化在地球上的最后遗迹，所以，几乎在泸沽湖的每个山湾村寨，都可以看见那些穿着秀丽，各具风韵，像泸沽湖一样清秀貌美的摩梭姑娘。摩梭少女的风姿、独木轻舟的典雅、此起彼

"猪槽船"划进泸沽湖，也划进阳光里。

伏的渔歌，被称为"湖上三绝"。这已经成了新时期泸沽湖的完美写照了。

泸沽湖所养育的摩梭女儿，每一个都那么美丽、勤劳、善良，而且情真意切。她们在属于自己的花房里编织着花季少女的梦想，渴望着属于自己的至真至诚的爱情。摩梭人中至今仍保留着"阿夏走婚"传统。"阿夏"意为"亲密的伴侣"，建立阿夏关系的男女双方各居母家，因感情的进化，男子夜晚到女子的"华楼"留宿。天刚蒙蒙亮的时候，男阿夏便匆匆离去。因为男子暮来晨往，只在女方家过夜，所生子女一律由女方抚养。"阿夏走婚"以情为主，结合自由，离散随意。在摩梭人的生活里，并没有什么古圣先贤流传下来限制爱情的条条框框，所以摩梭女儿没有孤寂和失落的烦恼与忧伤。她们似乎为了爱情而生，为了追求美满的爱情而来到泸沽湖边，不断地寻觅，大胆地表白，把自己的幸福牢牢地掌握在自己的手中。那些在其他地方能够对爱情产生莫名的影响和诱惑的财富和权力，并不能让摩梭女儿对纯洁的爱情动摇，她们依然自始至终地按照自己质朴的性格，为爱情画下一个深刻而又纯正的注释。"说什么王权富贵，怕什么戒律清规？只愿天长地久，与我意中人儿紧相随……"在泸沽湖边听到这样的歌，还真有些以为身在《西游记》里的女儿国。

泸沽湖因摩梭女儿的爱情而美丽，女儿国因泸沽湖的美丽而神秘。在蓝天白云下，它们是水乳交融的一体。泸沽湖的蓝，摩梭人的美，都给人一种不真实的、梦幻般的感觉。曾经有人这样说过：泸沽湖是很多人前世今生的梦。

泸沽湖上的小船

泸沽湖畔的摩梭女孩

抚仙湖
再入人间仙境

这里也有海市蜃楼，
如果看见了，
一定要相信自己的眼睛，
因为，这一次是真的。

  这是一片广阔而又清澈的湖面，在它四周，怪石嶙峋，千姿百态。有的平地拔起，状如玉笋，直插云天；有的横卧湖边，形似懒汉，酣然入梦；有的如玉象汲水，有的似猛虎下山……湖面上总是烟波浩瀚，晴空万里时水平如镜，妩媚温柔，如少女般惹人怜爱；清风乍起时白浪微现，手舞足蹈，如孩童般欢呼雀跃；雨中雾里，湖面朦胧得如蒙上迷人的面纱……这，就是抚仙湖，和名字一样充满仙气的人间仙境。

  实际上，抚仙湖的确与一个迷人的神话故事相关。相传天上的石、肖二仙到滇中巡查，只见一池碧波，银光闪闪，远山近水，洲岛错落，好一幅色彩怡人的山水画卷！石、肖二仙只顾搭手抚肩地观看和赞叹，竟痴迷得忘了移步，也忘了归期。日复一日，年复一年，他们仍痴痴地站在那里，陶醉在这迷离的景色之中。后来，两位神仙变成了湖边的两座石峰。在湖上驾舟遥望抚仙湖的东南方，那叠立着的两座形似搭手抚肩、俯视明珠的石山就是石、肖二仙变成的，抚仙湖那仙境一般的名字便由此而来。

抚仙湖的湖水是那样的清澈，同时却又是那样的深不见底，深得足以隐藏不为世人所知的秘密，深得只能存在于世人的想象之中。在以前，人们只是想象湖底是否真有那许多如传说般神奇的花草虫鱼和行走如飞的"海马"，湖底是否也是能够适合人类生存和居住的所在，却从来没有人尝试着潜入湖底进行勘探。但是就在几年前，当人们发现在其烟波浩渺的水面之下，还隐藏着云南少见的大规模古建筑遗迹时，当得知湖底那厚厚的淤泥和青苔竟覆盖着一块块规整的巨石时，一段颇为神秘的历史就从尘封的岁月中苏醒过来。

据记载，公元前279年，楚国大将庄蹻率领大军直扑滇地，征服了当地的少数民族。正当庄蹻准备班师之际，偏偏赶上秦国入侵楚国，切断了他回国的后路。庄蹻索性就在滇地称王建国，史称"庄蹻入滇"。汉武帝时期，中央王朝把滇国所在区域设为"益州郡"，滇王成了名义上的统治者，古滇文明逐渐衰弱，被中原文明融合。由于缺少文字记载，关于古滇国的一切逐渐湮没，成了一个无人知晓的历史之谜。

古滇国消失在何方？抚仙湖又是不是要解开这个秘密？但是湖水从来不轻易透露天机，只在微风之下荡漾起粼粼的水波，留给人们的只能是怀疑和揣测。可是看看那些完整的古建筑在湖底静静地躺了几千年，竟会依然个性鲜明，甚至完好无损，就不得不在承认古滇国的文明进步的同时，也由衷感叹抚仙湖的神奇让历史得以存续。

抚仙湖的水面还是那样的美丽，但是历史又如同一层烟雾，在不自觉之间笼罩上来。于是这一切更加亦真亦幻，正如它在亦真亦幻中存在的几个千年。

2002年5月6日，澄江抚仙湖，第三届中国昆明国际旅游节中美明星滑水对抗赛上，中国滑水运动员的表演。

石林
鬼神的礼物

以一种从没有过的震撼，
闯进瞪圆的双眼，
让人惊叹和热泪盈眶的，
其实，不仅仅是传说。

她头戴撒尼包巾，身着五彩的长裙，后面背着四方的背篓，无论风风雨雨，都深情地仰望蓝天白云，翘首以盼，亭亭玉立地站在玉鸟池畔，成了雕像一般的山石，可心里似乎声声不断地呼唤着她的阿黑哥……这尊石像——更确切地说是像人的石头——就是名闻天下的"阿诗玛"，就是在传说中臻于至美的那个撒尼姑娘。

奇特的骆驼峰

感悟，云南的美你懂吗

📷 石林风景名胜区位于石林县境内，景区由大石林、小石林、乃古石林、大叠水、长湖、月湖、芝云洞、奇风洞8个风景片区组成。

在很久以前，美丽善良的阿诗玛和勤劳勇敢的阿黑相爱。可是地主的儿子阿支因贪婪阿诗玛的美色，心存歹念，前去逼婚，被阿诗玛断然拒绝。后来恼羞成怒的阿支趁着阿黑带着阿诗玛在溪边小憩时，放洪水卷走了阿诗玛。阿诗玛奋力挣扎的时候，仍在声声呼喊着心爱的阿黑哥。可是无情的洪水很快就将她的身体淹没，只留下一声声回荡在人们心中的呼唤。后来，阿诗玛变成了一尊石像，站成了千古绝唱。如今，但凡在阿诗玛的身边呼喊她的名字，似乎都会听到她的回答，听到她诉说对阿黑哥的想念和期盼。

如果不是亲眼所见，很难想象怪石林立的样子。远远望去，那一支支、一座座、一丛丛巨大的灰黑色石峰昂首苍穹，直指青天，如旌旗招展，壁垒森严，而无边无际更如一片莽莽苍苍的森林。"石林"的称谓就如此生动地闯入人们的耳朵。

这里随处可见的都是造型各异的石峰，有"母子偕游"，那种爱护和关心在看到母亲牵着孩子的手的一瞬间温暖着所有的心灵；有"老翁漫游"，那花白的胡须以及那种悠闲自若的神态尽展无遗，仿佛天空中还飘荡着他豪放的笑声；有"苏武牧羊"，在遥远的匈奴，他似乎满脸遍布岁月的沧桑，虽身处冬日的寒风中，仍在思国思乡，誓要回到汉土的决心依旧没有改变；

有"梁祝相会",那个遥远的爱情故事像"阿诗玛"一样,总能勾起多情人的追忆和啜泣,好在,有情人终成眷属,他们最终还是享受着团圆;有"女娲补天",这个人类的祖先为了子孙后代过上幸福的生活,仍在坚持着伸举的姿势,生怕再次出现漏洞,殃及百姓;有"双鸟夺食",它们拼抢起来的时候,甚至忘记了展示自己美丽的歌喉;有"万年灵芝",它的形象和逼真让人怀疑这是人工的堆砌,造物主的神奇让人不可思议、叹为观止;还有"莲花峰"的妩媚,"剑峰"的寒光……在苍茫的天际下,它们犹如一幅参差峥嵘、巧夺天工的奇石异峰图,震撼心灵。

人若行走于"林"间,总会产生一种幻觉,以为自己是在梦中,或者是在迷宫中。循着那些时而陡峭时而弯曲的小径,既可以感受到盘古开天辟地时天地混沌的原始模样,也可以感受到黄帝战蚩尤时山崩地裂的悲壮声响。无论平日里有什么天马行空的想象,在这里,都是合情合理的,都是有根有据的。所以,石林总可以丰富诗人的思路、画家的神思,是一股流淌灵感的源泉,也是足以改变一个人一生思维的玄机。

石林和夕阳下的阿诗玛

所以，这些石头远不只默默矗立着那么简单，它们有声音，有思想，也就有了生命。每一块石头都像"阿诗玛"的呼唤一样，追求着并不为人所洞悉的梦想，有一首歌唱到的"精美的石头会唱歌"说的大概就是这里吧。而在一些被无数人用手摸得光亮的岩石前，只要用手拍打石身，然后将耳朵贴上石面，岩石就会传来重重的敲打声，仿佛里面深藏着一个神话般的寺庙，里面有个可爱的小和尚，一直在和着人们手掌的拍击声而起劲地敲着木鱼。据说这些无言的石头都来自天宫，都是修炼得道的仙石，经过了不知多少年的时空才凝聚起这天地之灵气、日月之精华，又经过了不知多少年沧海桑田的变化才可以来到人间保佑一方水土。

石林丛中的道路

怎么样的传说都好，眼前林立的石峰、石柱、石芽为大自然谱写了神奇和壮美，也映射出造物主对石林由衷的偏爱。这种偏爱让人颇感嫉妒，因为各种美丽的东西在这里居然能够一应俱全。

长湖是阿诗玛的故乡，鲜花遍地，绿草如茵，总有新的"阿诗玛"到此寻找自己的爱情；大叠水飞瀑成群，飞珠溅玉，滋润着鲜亮的石块石芽；芝云洞里的钟乳石婀娜多姿，玲珑剔透，俨然一个微型的石林……在整个石林中，时而是曲径通幽的山石小路，时而是豁然开朗的原野绿地；时而是碧波微荡的袖珍湖水，时而是声势浩大的激流瀑布；时而是芳香四溢的五彩花丛，时而是突兀傲立的怪异危石；时而是欢声笑语的啁啾鸟鸣，时而是疯狂嘶吼的奔腾铁骑；时而是中原，时而是塞外；时而是江南小镇，时而是异国他乡……身在此，而身又不在此，不知天上宫阙，今夕何夕。

这就是石林，像油画一样模糊而又真切的石林。

元谋土林
祖先住过的地方

金沙烨烨里，阳光温醇了远古的感伤，伴四月芳菲，走进元谋，古猿人峥嵘了岁月的遗迹固然值得追寻，土林那氤氲着时光的苍黄却更令人向往。

彩云之南，有三林冠世：路南石林、西双版纳雨林、元谋土林。

石林以赭黑与灰白嶙峋着峰峦，张扬着棱角；雨林以翠黛与斑斓妖娆着山河、迷醉着岁月；土林呢，乍一看，似乎还真是土土的，枯燥且单调，但，细细临之，却才发现，原来，这洒落在红土高原上的片片土黄，才是生命最本真的色彩、造化最唯美的图章！

土林，是一种土状堆积物成群集聚、不断塑造而成就的柱状地形，因远望蔚然如林，是以，以土林为名。西南川滇云贵地区，土林分布极广泛，遐迩者比比，其中，又以被誉为"世界土林奇观之首"的元谋土林为最。

元谋，位处滇地西北，隶楚雄彝族自治州，为东方人类故乡，人类文明的发祥地，因"元谋猿人"而蜚声中外；或许，古远也能成为一种习惯吧。

漫步元谋,随便一条巷陌、随意一处转角,不经意间,便能瞥到沧海桑田辗转后,最真实的痕迹,这种痕迹,很轻、很淡、却又深刻得令人动容,譬如,土林。

元谋的土林群落,大多散落在金沙江支流龙川江畔,大大小小,总共有十三座,幅员近50平方千米,其中规模最庞大、发育最典型、色彩最瑰丽、造型最千变万化的当属物茂、浪巴铺和班果三大土林;每年慕名来元谋看土林的人摩肩接踵、不知凡几,有背包客,有摄影家,有土林粉,有学者,有地质学家,当然,也不乏怀抱一颗猎奇之心而来的萌新小菜鸟或资深老驴友,譬如,你我。

走进土林,就仿佛走进了一座囊括了无穷色彩与光影、被风雨雕琢了150万年的魔幻迷宫;前后左右,南北西东,初见,似全都是将生命激滟了的沉厚的黄,待错步回眸,转一个侧面,换一种角度,土柱上密布的云母、石英便把澄澈的阳光凹成了赤橙黄绿青蓝紫交织的斑斓,"星芒"点点,一步一彩，绮丽迷人。

徜徉在如斯多彩的"森林王国"，即便不是路痴，迷路也可迷的理所应当，不过，迷路了，其实也没关系，说不定，失落了方向的你我，不经意间，便能在注定的时间、注定的地点，伴蓝湖碧水、麦田阡陌，邂逅一段只属于自己的爱情童话。

若绯红未绽，轻雪未落，你的他/她还等候在远方，也没关系，相遇土林，对你我而言，原就是一次幸福的邂逅。那一根根、一片片、一群群造型奇特、仿佛从诸天万界穿梭而来、洋溢着种种不同风情的土柱，无须镌进眸中，亦已足够倾城。

壮观的元谋土林

这些土柱，有的高、阔皆不足一米，娇小玲珑，仿佛雨后林间刚刚冒头的浅色嫩芽；有的纹理独特、被流水剥蚀成了顶部略尖的圆锥、远远望去，就仿佛一片蓬勃的春笋；有的基座连接、幅员宏阔、密集丛聚、圆美中带着几分野性的粗犷，就仿佛中世纪的古堡；有的咀嚼着流水的脉络，头顶大大的"铁帽"，伴蓝天白云，伫立着另一番别开生面的壮阔，或似顶盔掼甲的百战雄兵、或似仗剑执笔的铁血文人、或似英姿飒爽的巾帼红颜；有的线条流丽，若振翅苍穹的雄鹰、驰骋天河的骏马、呆萌呆萌的小黄虎；有的险秀奇特，或犹巨剑凌云，或犹阔刀插天，或犹长枪破天；有的独一无二、得造化所钟，一如火树银花绽晓、天际云帆高挂、宝塔巍峨高耸、钓翁垂落烟雨、竖状星空斑斓……凡此种种，皆鬼斧神工。

遍地的野花

另，元谋土林还是不尽的岁月馈赠给我们的最珍贵、最朴华的远古相册，寻寻觅觅一番后，亲爱的人们便能发现那被土黄的妩媚深埋在骨血中的种种：也许，是一棵已经硅化的栎树；也许，是一副剑齿虎的骨架；也

感悟，云南的美你懂吗　　Chapter 01

土林在元谋分布较广，总面积达47平方千米，其中最为壮观的是物茂、新华、班果三个景区。

也许，是一根中国犀的独角；也许，是一支剑齿象的剑齿；也许，是一种不知名的玫红色花朵；也许，一切皆有可能。

相遇一个地方很简单，恋上一个地方却很难，或许，在相遇之前，元谋并不是你情之所钟之地，但相遇之后，那红土高原上氤氲着无尽色彩的黄却定会成为你生命中最沉厚、最明媚、也最深刻的记忆，带着你不断回溯那远古的斑斓，回溯，回溯，再回溯，直至，永远。

旅程随行帖

☑ 元谋县位处云南西北缘，为川滇交界之地，属热带稀树草原气候区，有雨旱两季，雨季多雨，土林景观多多少少都会受影响，且行路艰难，危险性大，所以，游览土林，最佳时间是阳光晴好、温度适宜的旱季，3~5月最宜。游览时，最好避开紫外线强烈且酷热的中午，选择早晨或傍晚观景，除了开发较为完善的物茂土林外，若要游览其他土林，最好结伴而行，带好指南针和手机，以防发生意外。

腾冲火山地热

在热气中沉思

> 那向着天空的山口，
> 也许就是咆哮的语言；
> 那些丑陋的石头，
> 也许就是死掉的愤怒。

还没走近腾冲，仿佛满脸就已经被汗水浸泡了一般。无论怎么擦拭，总有涔涔冒出的热汗，顺着脸颊、手臂、手指滴答下来。即便如此也要近距离地摸一摸它的肌肤，因为腾冲的热是弥足珍稀的。

这里分布着数以百计的大小不等、高矮有别的火山，俨然一幅火山群景图。休眠火山和新生代火山交织分布，纵横穿插，在世界上极为罕见。实在是很难想象出来，在远古的时候，这里是怎样的情景。延绵开来的火山口，喷射着冲天的炽热的熔岩，发出嘶嘶的怒吼，仿佛地狱的怒火在一刹那之间的宣泄。那是一种愤怒，震动世界，撕裂洪荒。以一种破坏的方式，却塑造出崭新的地理形态。

像所有的热情和愤怒一样，可以勃然爆发，但是不能旷日持久，最后冷静和凝固下来。火山边有一些石头，它们能像羽毛一样浮在水面上。这是一种如海绵一般的石头，具有十分发达的气孔构造，可是并不相通。科学探测的结果是因为岩浆爆发离开地面后，岩石中的气体迅速挥发，就镂空了这些石头，所以能浮在水面上，像一个个小水车一样悠悠地旋转。

可是，火山并不如此的沉默。就在看不见的地下，还有着那一颗不能够死亡的心脏，还在跳动，还在凝聚，还在通过种种的方式，向世人宣布终将再次横空出世的信息。这些信息，就是透过地表上升起来的地热。

腾冲的地热在世界其他地方更是不多见的，境内四处分布的气泉、热泉、温泉等都是地热的重要组成部分。最负盛名的是硫磺塘"热海大滚锅"和澡塘河高温沸泉。

明代旅行家徐霞客曾这样描述热海的景致和大滚锅："遥望峡中蒸腾之气，东西数处，郁然勃发，如浓烟卷雾，东濒大溪，西贯山峡……水与气从中喷出，如有炉橐鼓风煽焰于下，水一沸跃，一停伏，作呼吸状。跃出之势，风水交迫，喷若发机，声如吼虎……风从中卷，水辄旁射，揽人于数尺外，飞沫犹烁人面也。"

火山是暂时安静的魔神，地热是它狂躁的呼吸。在沉默的火山口上，在即将爆发的力量的中心，在一块不安的土地上，也许，人们也只能注视并且沉默。

地热的热气，使乡间小路也变成了人间仙境。

白水台
梦想中的台阶

一级级的水台，
就是一级级的台阶；
而一级级的台阶，
承载了一级级的梦想。

"曲曲同流尘不染，层层琼涌水常凝。"这是诗人笔下的白水台。若从诗本身来看，它过于现实了，也过于老实了，因为对白水台的描写，仿佛没有任何夸张的成分蕴含其中。

那一层层天设地造的白玉台坡，如高耸的绿山丛中点缀的一条璞玉银屏，白光四射，耀眼夺目。大一些的，飞流直下，远远地就听得见它们洗刷山峰和撞击地面的声音；小一点的，仿佛静止不动，如丝带般温柔地勾住人们匆匆的脚步。

感悟，云南的美你懂吗

纳西语称白水台为"拜卜芝"，意为逐渐长大的花。

这晶莹剔透的银屏，竟似千百级层层迭起的玉台琼阶，又像千百道安静的瀑布，自下而上，一层层，一级级地堆云积雪。有的纯白如脂，莹润无瑕；有的黄中带绿，如金似玉；有的晶莹闪亮，好像万古寒冰。那水仿佛真是仙人所饮、仙人所浴的，纯洁得一尘不染，在阳光下，滚动着粼粼的光环，掬上一捧，仍有仙气缭绕上方，如烟似雾。水台的表面也各有自己的风格，有的如微波细鳞，曲曲折折，却错落有致；有的如千年树皮，褶皱叠生，连环相扣……而那些大小各异的水台拼在一起，就有如清晨的莲花一般，每一片花瓣都流动着澄澈的水珠；又似元阳的大小梯田，层层叠叠，罗列着想象。当每一泓清水从上面流过，都有如流银泻乳一般，令人神清气爽。仙人就是登着白水台的阶梯腾云驾雾的吧，作如是想，这些白水台就成为通往天国的阶梯。

大概这是真的，因而人们自古就把这里当作神灵的化身，或者就叫作"仙人遗田"。既然是仙人留下来的田地，那么这蓄满的水波就是玉液琼浆，而必定在过去的时节，种植的也是玉树琼林。仙界方三天，人间几万年。在这几万年的时光里，人世却已经沧海桑田，几经变迁。只有每年的二月初八，白水台四面八方的纳西族人汇集此地，或歌舞，或膜拜，向神灵祈求新一年的丰收，欢度一年一度的"朝白水"节日。

也许，就是连仙人也是一种传说，是人们在苦恼自己的人生之短，所构造出来的一种童话，也是永远不可能实现的幻影。可是，就算世上本无仙人，却确实存在着这样的仙境。而站在白水台上，看见日光照射，池水古静，时间也为之静止，而这一瞬间，就已经成为永恒。

Chapter

别样云南，别样风情

02 剖析，
凝结沉淀的历史

云南的风土人情是那么的多彩斑斓。

如果生命中只有这一次与它相逢，
也不必相见恨晚，曾经拥有
就是幸福的见证。
离开，带着初来乍到时
那个绚丽多姿的梦，
至少这一次的梦里还有真切的
古刹，旧巷，故人，老酒……

崇圣寺三塔
听佛祖声音的地方

苍山如黛雪如霜，洱海月明照苍茫，银桥花落残梦醒，下关风起乱壶觞。

邂逅大理，一场风花雪月的浪漫约会自不可少，但除了雪月风花，大理其实还有很多很多的风景，譬如垂钓着岁月的古城、白族风情浓郁的喜洲、风光旖旎的双廊，又譬如，见证了整个盛唐的崇圣寺三塔。

伫立在大理古城被风霜淡染了千年的城墙上，悠然北望，三里外那缱绻了流云、萦绕着碧翠的崇圣寺，那巍然了蓝天、蒸腾了岁月的三塔，很轻易，便攫住了你我眼中深藏的那一抹惊艳。

崇圣寺，始建于公元830年前后，是南诏及大理时期声闻遐迩的皇家寺院，东倚苍山、西临洱海、风光秀美如画，且规模宏大、殿阁轩丽、僧舍错落、花木繁茂、气派堂皇、百厦千佛，向有"佛都"之誉。

昔年，崇圣寺中，曾钟声远传、高僧云集、香火鼎盛，数千僧侣出出进进，或参禅、或诵佛、或讲经、或做功课，忙忙碌碌，却也一派盛世气象；然栉风沐雨近千年后，这座徐霞客笔下辉煌的滇中大寺、金庸先生笔下高手丛聚、佛法无边的"天龙寺"，最终还是毁于祝融之祸，唯余寺中三塔，仍经霜染雪，矗立着岁月的荣光。

佛塔，源于印度，原是有德高僧圆寂后存放舍利的坟冢。西汉时，佛教传入中土，纯纯粹粹的印式佛塔也在清歌浅语中氤氲了浓浓的汉家风情，衍化出了覆钵式、楼阁式、金刚宝座式、密檐式等多种形式，崇圣寺三塔，尽体唐风，均为密檐式砖塔。

三塔，一大二小，呈品字形伫立在崇圣寺前，依偎着山海，总有几分清丽不泯。

相传建造三塔时采用建一层塔埋一层土的办法，建塔的土坡最远处几乎在5千米之外。

主塔千寻塔，始建于唐南诏劝丰祐年间，是一座方形密檐式空心砖塔，塔分16层，高69.13米，飞檐翘角、端雅大气、势如凌云、孤耸穿霄、形制与西安双塔之一的小雁塔略似，磅礴出尘、微显峥嵘，又隐隐有几分清雅的风致流露。塔不算玲珑，塔身线条却极流美，愈向上，塔檐之间的间距便愈小，层层递进时，不经意间，便勾勒出了千寻塔上下微微内敛、中间略略凸起的独特身姿。传，昔年塔顶东西南北四方，皆有一尊镇妖的铜铸金翅鸟，但1515年大地震时已震落。

另外，塔身16层，每层中央都开有券龛，龛内供奉着纯白的大理石制佛像一尊，佛像或坐或立、或慈眉善目、或金刚怒目、或拈花而笑、或持杵降龙，尽显佛国妙香、无上威严。塔正中央朝东一面，还有昔年镇守云南的明黔国公沐世阶手书的"永镇山川"楷字照壁，字高1.7米，苍劲有力，皆颇富气势。故老相传，千寻塔可镇邪龙、绝水患，虽不见得是真实的，但林林总总的传说，却总能为这在历史中沉浮了无数年的古塔平添几分神秘而悠远的气息。

比之气象恢宏、富丽轩和的千寻主塔，南塔、北塔两座小塔要玲珑许多，虽身姿也很英挺，但七分的英挺中却又糅入了三分纤秀。塔不太高，仅42.19米，分十层，密檐八角，精致典丽，纯白的塔身暗淡了白云，塔顶三只可爱的铜葫芦和伞状的铜铃，虽触手难及，却总能勾动人们心中最柔软、最真挚的那根心弦。且，不同于主塔的严肃端方，南北二塔的性格多少都有些明媚和跳脱，不说别的，因为常年聚在一起窃窃私语的缘故，南塔向北倾斜了18度，北塔向南倾斜了12度，说不定，某一年，某一天，邂逅云滇的我们便能一睹双塔耳鬓厮磨、靠头相偎的亲密场面呢。

万古云霄三塔影，诸天风雨一钟楼，绕过三塔，踩着一敲即有蛙声鸣的鸣蛙石，向前徐行不远，就能看到供奉着高3.86米、重16.295吨、壁铸六波罗蜜、六天王像，被誉为云南第一钟的建极大钟的钟楼。钟楼畔，有一座三塔倒影池，池水澄澈，天气晴明的时候，可见"六塔"齐辉的盛景；楼后的雨铜观音殿里，高8.6米，以11吨纯铜铸造的雨铜大观音更广袖霓裳、雅丽雍容、堪为一绝。

莺啭燕啼，寺清塔远，伴钟声杳杳，走进崇圣寺三塔景区，或许，相遇不了倾城，却总能在不尽的斑斓中，穿越生活，收获一抹最幸福的清影。如是这般，我们，又有什么理由不成行？

观音殿，崇圣寺所崇之"圣"为观音，当年的大理国对观音崇拜极为盛行。

旅程随行帖

☑ 白族的很多节日都在三四月份，四月芳菲里，邂逅大理，邂逅崇圣寺三塔，自是最好的选择。三塔距离大理古城非常近，仅一千米的路程，徒步前往都没问题。

☑ 进寺庙，观佛塔，是一件很有仪式感的事情，请注意保持安静。

Chapter 02
剖析，凝结沉淀的历史

三塔各自的风姿

大观楼
名楼何须声张

有些高度，
无法代表历史；
有些历史，
蕴含着无法测量的高度。

正如范仲淹之于岳阳楼，崔颢之于黄鹤楼，王勃之于滕王阁，中国三大名楼鼎足而立。但是，时至今日这份名单中又添加了一个大观楼。

大观楼，又称近华浦，始建于清康熙二十九年（1690），坐落于昆明市的西南。大观楼面临水滨，面对五百里的滇池。除此之外，它还背负着巍峨高大的西山，地理位置可谓是得天独厚。但是自从大观楼建立起来之后，它就那样默默无闻地矗立着，似乎在等待着一个契机，等待着那一个使它一举成名的人物——直到那个

在大观楼上，每逢中秋之夜俯视楼前水面，便可得杭州西湖"三潭印月"之美景，本地人称"长联印月"。

叫作孙髯翁的人的到来。他登临斯楼，面对苍茫滇池，吊古凭今，不禁满怀感伤，于是挥毫泼墨："五百里滇池，奔来眼底。披襟岸帻，喜茫茫空阔无边！看：东骧神骏，西翥灵仪，北走蜿蜒，南翔缟素。高人韵士，何妨选胜登临，趁蟹屿螺洲，梳裹就风鬟雾鬓；更苹天苇地，点缀些翠羽丹霞。莫孤负：四围香稻，万顷晴沙，九夏芙蓉，三春杨柳。 数千年往事，注到心头。把酒凌虚，叹滚滚英雄谁在？想：汉习楼船，唐标铁柱，宋挥玉斧，元跨革囊。伟烈丰功，费尽移山心力，尽珠帘画栋，卷不及暮雨朝云；便断碣残碑，都付与苍烟落照。只赢得：几杵疏钟，半江渔火，两行秋雁，一枕清霜。"

这副180字长联，号称"古今第一长联"，至今依旧醒目地雕刻于大观楼底层楼门的两侧。其思想内容之深刻，艺术形式之完美，堪称古今对联宝库中一颗光彩夺目的明珠。

大观楼因此名声大振，一度被称为中国第四大名楼，和黄鹤楼、岳阳楼、滕王阁齐名。但究其原因，大概即使没有这副长联，大观楼或许也会因为滇池胜景而最终闪出耀眼的光芒。因为正如孙髯翁所说：在大观楼上，看五百里滇池浩渺奔波于楼下，那碧绿的水、那高耸的山、那美艳的芙蓉、那鲜嫩的杨柳……是如此摄人心魄。或许，只有在大观楼上才能看得见如此繁多且如此美不胜收的物象，才能让人有了下联"数千年往事"的感触和顿悟——历史如一本书籍，一页一页地翻过后，才能洞悉其中的真谛。

金马碧鸡坊
追寻城市记忆

悠悠春城，袅袅月明，不知从什么时候起，金马的朝晖竟恋上了碧鸡的晚霞，于是，相思成灰的瞬间，金碧交辉的奇景便化作了滇中晴雪里最灼灼的深情……

金马碧鸡坊，是昆明最闻名遐迩的人文地标，亦是春城史上最浓墨重彩的一段篇章，栉风沐雨数百年，仍不改岁月清微、风华绝世。

"东骧神骏，西翥灵仪"，滇池之东金马山，滇池之西碧鸡山，在时光的断片里，一直都是一曲最和美的笙箫，沧海扬尘，始终不移，而金马山下金马坊，碧鸡山畔碧鸡坊，则是两者最唯美的爱情见证。

金马、碧鸡二坊，皆阔达三楹，雕梁画栋，白石立柱，彩绘丹漆，翘角飞檐，雄浑瑰丽。坊上"金马""碧鸡"四字，传为清代春城著名书法家孙清彦手书，字正而秀、遒而雅，饰以金箔，更觉大气端方。

伫立坊下，倚绯红，擎翠碧，微微仰首，透过那或许并不斑驳的石柱、那斑斓炫彩的纹理，目光悠悠，似能漫溯无尽风雨，重回那氤氲着无尽传说的远古。在滇地，与金马、碧鸡相关的传说五花八门，其中最古远的传说是：古时，滇地大旱连年、万里焦枯、民不聊生，有碧鸡西来，以擎天巨翼遮拦烈日，自身却被阳炎烈火灼得伤痕累累。深恋着碧鸡的金马闻讯，星夜而至，为救碧鸡，不惜以命相拼，奈何天劫雷霆骤降，金马伤重，碧鸡哀啼，最后，金马碧鸡双双陨落，滇人感其恩德，择地安葬。未料，葬地之中忽涌清泉，源源不竭，大旱遂解。于是为纪念金马碧鸡，滇人齐力修建了金马碧鸡坊，既冀风调雨顺、安康和乐，亦愿以此遥祝金碧、以寄哀思。

传说是真是假，我们无从得知，或许曾经真的有神马俊健、碧鸡纹彩也说不定。但真也好，假也好，又有什么关系呢？行走在路上的我们，追寻的原便不是真假，而是传说背后那不泯的深情，是故事背后那奇秀的风情风物、独特的山光土俗，是这座木构斗拱彩绘牌坊本身的魅力。

旅程随行帖

- ☑ 邂逅金马碧鸡坊，逛吃之余，分别和金马、碧鸡合张影自是题中之义。但，若有意在本地冲洗照片，说明尺寸的时候一定要额外注意，因为，很多昆明人都习惯将"半寸"说成"一寸"，冲洗之前要换算清楚，千万别搞错了。

📷 金马碧鸡坊位于昆明市中心，二坊各高12米，宽18米。

归化寺
聆听佛祖教化

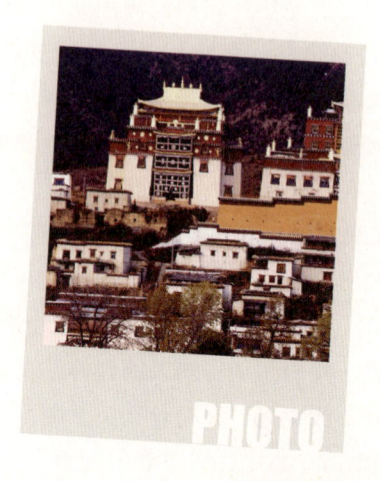

虔诚，会像流传下来那样，
继续流传下去；
精神世界的信仰，
从此无边无际。

  归化寺在藏语里叫作"噶丹松赞林"。"噶丹"，表示对黄教祖师宗喀巴首建的噶丹寺的传承和发扬；"松赞"，是天神居住和游戏的场所，即三十三天；"林"就是寺的意思。噶丹松赞林于1679年动工，在1681年基本建成，是迪庆境内最大的格鲁派寺院，由五世达赖赐名为"三神游息之地"，"一切显密非一次修成，为使无垢之法源源不断惠及众生，使之圆满，特建此寺"。

  "归化寺"的名称确定于雍正二年（1724），由清王朝赐定。尔后，归化寺就得到了清朝历代皇帝的垂青和多次赏

剖析，凝结沉淀的历史

走在寺院中的喇嘛

赐，崇高的地位与日俱增，成为云南最大的藏传佛教圣地。因归化寺建在雪山交错的高原上，所以就以一种高原的神秘和令人仰望的姿态掩映在群山之间，皑皑的白雪增添了它本身具备的神圣，错落的结构让它在视觉上更加飘逸。它与青藏高原上的那座最神圣的藏传佛教的宫殿遥相呼应，并且在建筑布局和风格上又是如此相似，于是就得到了另外的一个名字——小布达拉宫。

无重数的宫殿层层而上，扎仓和吉康两座主殿高高矗立在中央，八大康参、僧舍在两边簇拥拱卫，以一种分明的立体轮廓，衬托出主体建筑的高大雄伟。金碧辉煌的屋顶，圆满无缺的法轮，红白一体的佛墙，都彰显着藏传佛教文化的精髓，都有着深厚的象征意义。

寺庙之中，供奉着诸多佛像，似乎涵盖了佛家世界里一切的神灵；斑驳的壁画，诉说着佛法的神奇，诠释着佛经的内涵；还有轮回图，告诉世人前生今世和来生，也警告着世人为恶的后果……在这里，所有的迷惑都可以解开，所有的善恶都有各自的结局。

正因为归化寺向善的力量，

106 别样云南，别样风情

剖析，凝结沉淀的历史

自康熙三十年（1691）至今的三百余年里，每天来此拜佛的僧人及群众络绎不绝。在固定的宗教节日里，更可得见漫山遍野烧香祈愿的人群，即使穿着不同民族的衣装，也都随着藏传佛教的仪式叩拜。若从高处望去，整座寺院的上空烟雾缭绕，归化寺就在这一片朦胧中若隐若现，神秘得让人兴奋，兴奋得让人感动，感动得让人不自觉之间也匍匐在地。

已经无从考证有多少人来过这里许下一生的愿望，也无从考证多少人带着实现的愿望再次而来。在归化寺里，浑厚悠扬的钟声和佛语让人耳聪目明，弥漫着的花香和线香让人心静神清，所有世俗的尘缘在斑驳的佛墙里都会荡然一空，所有物质的烦扰在纯粹的精神里都会遁于无形。每个人都怀揣着自己的故事，安静地祝愿，用心灵和佛祖坦诚地交谈，聆听着佛祖不同的回声。可是除了自己，似乎没有人再能听见。

神圣而壮观的归化寺

世博园 在花海中绽放

一眼能看尽山河万里吗？一园能囊括五洲四洋吗？一地能演绎百国百态、千万种风情吗？曾经以为不能，但邂逅世博园后，才发现，原来，一切皆有可能！

凝萃云南特色、尽展中国气派、冠绝全球园艺胜境的世界园艺博览园，自1999年初展芳华之后，二十载春秋不磨，依旧盛荣绝世。

昆明世博园，原是1999年世博会的会场，位处昆明东北郊，幅员近218公顷，山水丛密、瀑流蜿蜒，依山就势，移步换景，扶疏花木间有亭台错落，小桥芳洲外有楼榭相连，沙堤鸟语、莱茵漂流，五彩风车迤逦了骑士的号角，黛瓦白墙迷蒙了阿非利加的艳阳，"金字塔"下斯芬克斯咆哮着远古的野望，西风过处火红的枫叶染红了山岚……五大洲、四大洋、九十九个国家和地区，无数的风华，皆在此丛聚。

世博园有五馆（中国馆、科技馆、国际馆、人与自然馆、大温室）、七园（盆景园、茶园、竹园、药草园、树木园、蔬菜瓜果园、名花艺石园）、四广场（迎宾广场、世纪广场、艺术广场、华夏广场）、三展区（中国室外展区、国际室外展区、企业室外展区），迥异的风情，同样的倾城。

中国馆，是世博园五馆中最大的场馆，面积达33000平方米，绿瓦白墙，素雅中带着几许东方独有的淑秀。初见，恍惚竟以为是穿越时光、窥见了大汉的宫阙；待走进，那矗立着两根白玉华表的巨大观景台首先便令人眼前一亮。安园的花厅、照壁、三潭井，乐园的曲桥、流水、小荷塘，沁园的红梅傲雪、金菊凌寒，零号厅用729块紫砂陶拼接成的"人与自然"壁画、漆屏风、"黄果树瀑布"烙画等，皆美轮美奂。

昆明世博园内的沙漠植物

世界那么大，美景那么多，别说八十八天环游世界，就算是八十八年也看不尽，走不完。由是，纵心有恋恋，亦终须回返，毕竟，中国室外展区中还有无穷的绮丽在等待我们。有人说，人这一辈子，总要寻一处心之所向之地，安放一场最盛大的遇见。不知道是不是真的如此，如果是，那么，这个地方，我选择世博园，因为，选择了，便永远都不会后悔！

旅程随行帖

☑ 世博园每年都会推出一些浪漫且应景的活动：甜蜜的热气球升空之旅、瑰丽的国际梦幻灯光节、热闹的苗族花山会、激情的足球狂欢夜等，小伙伴们出行的时候，不妨多关注一下这方面的信息，以期待一场最美好的相遇。

别样云南，别样风情

西双版纳
留下一生的回忆

落英缤纷的日子，拨开那缭乱了眼眸的迷雾，循着浪漫的气息一路远走，走啊走啊走，不知不觉，被无尽的向往泛滥成轻虹的西双版纳便洒下了一天最绮丽的斑斓，傣风竹影，如梦似幻。

西双版纳，是彩云之南一片丰彩富饶的乐土，面积近两万平方千米，山水明秀，风光如画，聚居着傣族、苗族、哈尼族、拉祜族、布朗族、基诺族等十三个少数民族，自古而今，皆被颂为桃源。

澜沧江水汤汤了千年，婉转了云霞，烂漫了岁月，亦织就了西双版纳那得天独厚的热带风情：面包树、跳舞草、箭毒木、风吹楠、萝芙木等奇异的花木向往着远天的星辉金钱豹、野牛、懒猴、羚羊等动物憧憬着北地的夜色；野象谷里，或三五成群、或形单影只的亚洲野象则用一片又一片翠碧碧的芭蕉叶拼成了无数篇寄给孔雀的爱情诗章。

野象谷，在西双版纳辖下景洪市北郊，临213国道，是一片被淡绿、浓

剖析，凝结沉淀的历史

📷 "西双版纳"是傣语"十二千田"的意思，"西双"即傣语的"十二"，"版纳"是傣语"一千块稻田"。

绿、墨绿、浅绿、葱绿、青绿、嫩绿层叠成诗的峡谷森林，谷地不大，却一步一景，荒莽且纯粹，大片大片高矮不一的林木错落成了山花最斑斓的背景板，细细碎碎的阳光透过繁密的枝叶轻轻洒下，映红了小径边错落的"海子"，亦映红了野象眸中灿烂烂的山丹。

要说起来，野象谷中的亚洲野象其实也不算少，有数十个族群、七八十头原住民，只不过，在一片又一片遮天蔽日的绿与一泓又一泓潺潺的蓝的掩护下，想要和它们来一次计划外的相遇，实在是千难万难。不过，据说，旱季来临后，野象们最喜欢到蝴蝶园和百鸟园附近的河边溜达。若有幸，说不定你也能将这些重达五吨的大家伙们相继圈入记忆的相框，永久珍藏。即便兜兜转转半天，始终象踪不见，也没关系，谷内每天都会有大象表演，这些爱用鼻子踢球、能用单腿走独木桥、喜欢戏水、喜欢卖萌的象象，虽然不似野象般浑身都洋溢着一种山林中独有的灵性，却也安闲温驯、乖巧憨萌、惹人怜爱。相传，每一个被象鼻的"落雨"淋湿的小伙伴，都会被幸运女神眷顾，寻到那属于自己的伊甸——西双版纳原始森林公园。

公园面积两万五千亩，是西双版纳最具热带风情的所在。循着林中淡淡的藤萝香，步上被落叶枯枝斑斓的小径，老茎生花、绞杀树、板根、根抱石、空中花篮等只属于雨林的烂漫便相继映入眼帘，和着翠鸟啁啾的啼鸣、树蟒幽幽地眸光、小松鼠蹦蹦跳跳的身影、孔雀交织着蓝与金的尾羽，立即，便发酵出了一幅活色生香、层次分明的旖旎长卷。

那树冠遮天、气根盘桓、以一木之姿蔚然而成茂林之秀的古木便在曼陀罗明媚了的绯红夕阳中撑开了另一片别具一格的雍容，以至于潺潺了千百年的金湖竟舍了傣尼寨的民风、白塔的痴情、九龙飞瀑的磅礴，一路辗转向东，一头便撞进了望天树交织编就的瑰伟之中。

望天树，是一种常绿大乔木，只生长于西双版纳勐腊补蚌、景飘一带，树高近百米，其高可望天，故名望天。望天树多丛生，一片连一片，棵棵挺拔、片片隽秀，走在横架在成排的望天树之间、长2.5千米、微映几许草痕苔色的"空中走廊"上，举目四望，春可见绿林花海、遍野晴烟，夏可览"碧海"怒潮、"波"涌云开，秋可观层林红黄、湖光和彩，冬可擎细雪苍山、迤蓝逦碧、无限烂漫。若时光正暇，雨后新晴，或许，隔着那彩叶编织的天然树帘，还能一窥采蘑菇的傣家女孩明媚的娇颜。

溯着女孩彩色的裙角，踏碧草，寻芳菲，一路前行，或左或右，看不尽峻茂林深、歌不完怪柳红榆，在一片斑斓的转角，我们，终究还是邂逅了那被阳光眷宠了千年的橄榄坝。

橄榄坝，是西双版纳规模最庞大、人口最密集、景色最优美、民俗风情最浓郁的傣族村落，一村分五

📷 沐浴夕阳的傣族少女

寨，分别为曼听、曼春满、曼乍、曼将和曼嘎，其中，曼春满、曼听两个寨子最大，也最受时光青睐。细雨微聆的黄昏，错落在芭蕉树旁的竹楼，总袅袅着远山的轻雾、近水的云光、绿肥红瘦、潋霞洄翠，一派安闲。彼时，浴着竹香，缓步踏上竹楼，和心爱的人一起一边凭窗览秀色，一边品品傣家咬掉舌头也要吃的香竹饭、香茅烤鱼、柠檬鸡、清炒蕨菜、油炸苔藓，尝尝热带盛产的蛇皮果、红毛果、槟榔、荔枝，绝对是一件极浪漫的事情。

傣族少女与绿孔雀

待月朗星现，蓝中点墨的夜空闪烁出篝火的艳红，噙着唇齿间幸福的味道，执子之手，一同去看看孔雀舞或象鼓舞，一起去放放孔明灯，或者，在灯火辉煌的缅式寺塔下向金孔雀借十分柔情，许他一个一生一世的诺言，其实，都蛮好。若恰逢四月芳菲，泼水节在千呼万唤之后缓缓拉开大幕，整个寨子，甚或整个西双版纳，瞬时便会陷入狂欢模式，不拘男女、不分老幼，尽都是被泼水、被祝福的对象。水花漫洒、"彩雨"倾盆，多被泼一次，就多被幸福眷顾一次。

一个人一生能去多少地方呢？千千万万太多，一百个，刚刚好。而西双版纳，无疑，便是这一百个之中最隽美、最柔婉、最多情，也最千变万化的一个。五月雀屏开，芭蕉月下苔，彼时，背上背包，和心爱的他／她一起漫步艳阳，寻一场雨林中的幸福邂逅，定然奇遇处处，定然惊喜满满，定然蓬勃辉丽，定然气象万千，定然岁月静好，定然唯美永恒，定然……然否？

旅程随行帖

☑ 游西双版纳，最佳时间为每年的10月至次年5月，或者说，是雨林的旱季，尤其是4月16至18日，傣族泼水节期间，风光最美，也最热闹。不过，彼时定游人如织、一票难求，所以，提前订票很重要。另外，4、5月份，雨林地区气候炎热、紫外线强烈，各种各样的蚊子、虫子非常多，所以，去之前千万别忘了做好防晒、驱蚊水、驱虫水、花露水什么的，更是一样也不能少。

景洪
自然中的宠儿

掬一捧景洪春日最烂漫的红，静静看基诺秀色可餐；澜沧的细雨洒落了总佛寺的禅唱，孔雀湖如觞，九塔十二寨子，不一样的色彩，不一样的雍容……

初雪飘落之日，撷一瓣金黄，南下西双，到景洪去觅一次青色烟雨中最温醇的邂逅，的确是一件极美好的事。

如洗的碧空，和煦的暖阳，悠悠的云朵，微微带着树叶香的空气，绯红如火的三角梅，含笑的傣族姑娘，金碧辉煌的庙宇，憨态可掬的大象，所有的所有，浓墨淡染间，已幻作一幅最真实、最纯粹、最唯美的热带风情画卷。

轻掬一捧澜沧江洒了碎金的河水，涤去满面征尘，尔后，怀着一腔朝圣般的雀跃，细细地丈量下这座地处滇南傣北、濒普洱、面勐腊、幅员6958平方千米的"黎明之城"，它竟用连绵不尽的山川江流交织出了一曲最宁静、最安然、

剖析，凝结沉淀的历史

最悠闲自得的唯美乐章。

　　景洪境内，大大小小的佛寺众多，其中，最著名、最亮眼的当属总佛寺。总佛寺，是景洪的佛教地标，亦是西双版纳等级最高、最辉煌的寺院，傣名"瓦八洁"，曾是版纳土司的礼佛之所，面积不大，仅3000平方米，但彩绘雕栏、黄瓦流金、画栋藻井、镂花立柱，堂皇且精致，大气又典雅，袅袅香火中，禅唱悠悠，清冷中自带几分与世无争的超然。颇具曼谷风情的维罕大殿，廊角檐回间，轩昂着壮丽，一幅又一幅带着浓浓傣族特色的佛本生壁画，诉说着历史，也诉说着曾经种种的瑰丽与难忘。午后，阳光最晴好的时候，放空灵魂，在寺中受一场纯正的洗礼，听听风，观观云，其实，真的蛮好。

景洪总佛寺一角

　　另外，景洪的南药园、民族博物馆、泰国街、野象谷、半坡寨子、江边夜市、孔雀湖、蝴蝶园、水井塔等也都各具风致，时间充足的小伙伴们，不妨挨个去走走看看。

　　有人说，一次旅途，一场狂欢，一段行程，一种味道。在行程未满之前，没谁会知道，即将被咀嚼的时光，究竟是苦涩还是甘甜。

　　这话对，也不对。对，是因为很多时候确实如此；不对，则是因为，无论何时，无论何地，邂逅景洪的你我，唇边流淌的都是一股甜滋滋、清浅浅的独特味道。

旅程随行帖

☑ 曼听公园的日场门票与夜场门票是分开的，想要看民族歌舞表演、参加篝火晚会，要买夜场票，下午六点之后进场，旺季要提前预订；另，基诺山寨寨子不大，自然风景与普通的傣族寨子区别不大，所以，对基诺的人文风情、风俗习惯不太感兴趣的小伙伴，可以选择不去。

罗平油菜花海

沉醉于黄色海洋

如果暂时无法将梦想实现，
那就索性在梦想里沉沦；
直到自己也成为别人的梦想，
闪烁着金黄色的光芒。

梦想在某些时刻是绿色的，像大树一样茁壮地成长。但是，站在千百公顷油菜花海前，才开始知道，梦想是金黄色的，沉重如成熟的稻田，又随着清风在空气中弥漫和飘荡。

这是一种似乎只应该存在于想象中的金黄，是应该仅仅属于太阳的颜色。

绵绵的远山在晨雾中隐约可见，苍茫的天空还没湛蓝得亮眼夺目，山脚下的花海就在晨雾中苏醒了过来。透过薄薄的雾霭，花海是淡黄色的烟雾，在低低的天空下升腾和游走。太阳跳出地平线的刹那，花海就开始鲜活和生

动。日出的红艳和花海的金黄直扑眼底，竟然连眼睛都被它刺疼。

　　这时，云雾已经完全消退了，只有视野极限里的金黄在大地上荡漾。微风过后，花海就像吹皱的湖面，涟漪微泛，一层一层，如多米诺骨牌一样，从眼前一直延伸到遥远，或者从不知多么遥远的地方传递过来，直至脚下。阵阵花香带着春天特有的气息和希望，扑面飘来，让你仿佛置身于一个狭小的空间里，无论怎么样都无法成功地摆脱掉这种芳香，只有任其肆意扩散，进入身体的每一个细胞，被它们完全占领，彻底征服。风若很大，花海也会十分友好地配合，你追我赶，尽情地摇晃着身子和脑袋，似乎把所有的愤怒写在脸上，大声地宣泄什么。整个花海看起来就更像波澜壮阔的大海了，一浪高过一浪的波涛，凶狠地扑向地面，又顽强地重新站起，继续之前的动作，直到消失在无边的远方，留下一阵阵惊叹和猜想。

　　每一位从花海中穿行而过的游人，似乎都会不由自主地在花海的中央停下来，哪怕只有一刻的时间，也要竭尽全力地呼吸这天地的精华，也要享受

别样云南，别样风情

这能够带给生命更多震撼的金黄。

  没有麦田那样的枯萎和悲哀，也没有低空中飞过的乌黑的鸦群。油菜花海被太阳的光线点燃，却又永远鲜艳不会凋谢，永远年轻而不会衰老。不由联想到梵高——那位痛苦的画家，或者在这里，他才能够找到更强烈的阳光和更炽热的金黄，而又不被太阳灼伤和荼毒，找到生命新生的力量。

旅程随行帖

☑ 罗平的美景随处可见，而且交通很方便，路上的中巴随叫随停，在车站附近有很多中巴车和出租车，只要以罗平为中心，想去哪里，不必做周详的安排。如果不知道在哪里搭罗平美景车，可给的士司机5元钱，叫他搭你到车站就是。

油菜花海里的养蜂人，罗平油菜花蜜以质优闻名于世。

油菜花地

普者黑
质朴的自然美

生命最终的梦想，
在岁月的溪水边辗转轮回，
蓦然回首才发觉，
那是生命最初的起点。

"普者黑"，它的名字充满了神秘，让人想到的或许是轻轻的咒语，或许是祭祀的祈祷，或许是民谣的节拍……

普者黑就这样从一开始就让人对它产生了好奇，产生了兴趣，在人们来到之前和离开以后。事实上，普者黑是彝族人的称谓，在汉语里的意思是"鱼虾多的湖泊"。

"普者黑最多的是水，最经典的也是水。"很难再看见像普者黑这样的水了，清澈，但是却碧绿，宁静，但是又生动。即使整个蓝天倒映下来，也不是一分不差地反射回去，

普者黑风景名胜区属滇东南岩溶区，是发育成型的岩溶地貌。

而是融化在这一片湖水之中，沉淀到一个美丽的梦中。普者黑的水，绝对不是"水至清则无鱼"，它丰富、沉蕴，养育着无数活泼的生命。

湖畔的草地，湖中的水藻，水中的鱼虾，在潮湿的空气的浸润下，水畔农家屋顶上生长的蘑菇和南瓜，远远的矮山环绕点缀在周边，也是苍翠清新，富有生活的气息。

若逢盛夏初秋，在平湖十里上荡乘一叶小舟，湖中水路沿途都是"接天莲叶无穷碧，映日荷花别样红"的景色。那碧绿的茂盛的荷叶，擎起巨大的伞盖，上面滚动着晶莹的露珠，似珍珠一般熠熠生辉。那些白色的、粉色的荷花在荷叶间游离，似点缀着满天星一样，那么娇嫩、那么夸张地高傲绽

剖析，凝结沉淀的历史

放，随着徐徐的清风翩翩起舞。

水和山的亲近，山和水的交织，就形成了一个个溶洞。普者黑就是一个"山山有洞，洞洞有水"的神奇的山水世界。溶洞里深邃幽暗，玲珑剔透的钟乳石林立洞中，千姿百态地挑战着人们的想象。火把洞和月亮洞因相通成为一体而堪称一绝，月亮洞里有一段水路，只有乘船才能出得洞口。洞中荡舟的感觉更如置身仙境，因为这里安静得只有桨划过水面的声音和人们轻微的呼吸声，似乎再没有了凡间的一切纷扰和杂念。

普者黑的水美得质朴，美得自然，美得不加雕饰。好像早起的撒尼人悠然地划着独木小舟，随意地唱着婉转的山歌，在湖心悠然地打捞水草；好像清澈的湖水悄悄地流过，不带来一丝清风的呼唤，也不带走一片荷叶的梦想；好像那些鱼虾在水里自在地嬉戏，无忧无虑地纵情穿梭……好像属于普者黑的一切，足够自然，足够随意，从来不会让人不敢正视，不敢接近，不敢体验，不敢触摸，也从来不会让人面对它感到晕眩，感到窒息。

在普者黑，人会对美的概念有一个新的定义。也许美并不仅仅是超凡脱俗、高处不胜寒，也许另外有一种真正的美，就是适合人们的生活。

旅程随行帖

☑ 景区大门售票处写着门票200元，包含船票和溶洞门票，溶洞可以单独购票，仙人洞20元，观音洞15元，火把洞20元。游客自由选择，可徒步可坐马车(2~5元)。

☑ 普者黑是摄影爱好者的天堂，有石山、小河、湖山、村庄、小船、田园、荷花、水草、野鸭等众多素材，玩足一整天，可拍到日出日落、风土人情。

元阳梯田
一层层的绿色

恋上元阳，是在一个红英烂漫的午后，静静地站在山巅，俯瞰那连绵起伏的梯田，色彩在光影中变幻，"潮汐"已澎湃到天边，现实的梦境里，也终于镌刻上了，一曲，桃源。

蔚蓝色的晴空下，从来都不缺向往的风帆，一望无垠的崇山峻岭，不知不觉，便已嶙峋了红河千年的时光。波光粼粼里，不见碧草茵茵，不见平畴旷野，唯如时光天梯纵列般的梯田不断延展着我们对唯美的渴望。

元阳梯田，是世界人文七大奇观之一，是哈尼人用千年的时光，历经无数风雨沉浮，雕琢出的一幅幅立体的山水画卷。大者亩许，小者如箕，纵横错落，交织出的却是幅员近17万亩的无垠壮美。每一次线条的流转，每一次片与面的重逢，都是一场巧夺天工的泼墨演绎，赤橙黄绿青蓝紫，不尽的色彩，无言的斑斓，融融山间，铺展的全都是无言的精致

剖析，凝结沉淀的历史

元阳梯田的历史，有文字记载的已达1300多年，被明代大农学家徐光启列入中国七大田制之一。

与风姿，或峥嵘、或清雅、或磅礴、或明媚，或……千姿百态、变化万方。难怪仅仅是一次萍水相逢，法国闻名遐迩的人类学家欧也纳博士便瞠目结舌，盛赞其为"真正的大地艺术，真正的大地雕塑"。

走在元阳略觉崎岖的山路上，左看、右看、上看、下看，入目之处，尽是一块块、一片片、一座座、一垄垄的梯田，纵横起伏、宏阔雄丽，蔚为绝美。其中，坝达、多依树、老虎嘴附近的梯田最是磅礴，如海如潮，汹涌着岁月的味道，葱金点红，变幻绮丽，最为人所熟知与青睐；瓦灰城、沙拉托、苦鲁寨、大鱼塘附近的梯田，被高高的山梁、曲折的道路横绝在了远方，游踪罕见，可，一旦邂逅，那被隐藏了无数年的桃源风致、田园胜景，却总能令人如痴如醉。

元阳山势最险峻、线条最流美、立体感最强烈的梯田，在老虎嘴一带，近900公顷，川流纵列、稻浪摩天、壮美绝伦；居中的勐品梯田，线条柔美，远望，若层层碧纹淋漓、一圈、一圈又一圈，由上而下，迭次铺展、澎湃张

旅程随行帖

☑ 元阳是少数民族聚居区，少数民族众多，风俗、习惯、传统等或与我们多有差异，所以，启程之前，最好多少了解一些，以免犯了忌讳；另外，景区内禁火、禁野炊和露营。

别样云南，别样风情

扬，俯瞰，却又如一朵巨大的白莲缓缓绽放于万里碧野之上，轮廓分明，仙姿盛大；西侧的阿勐控梯田，以三座灰黑色的山梁为底色，尽情挥洒着自然的翰墨，晴日浓淡不一的绿、烟雨时微氲澄净的蓝，忽高忽低、忽直忽曲、忽散忽融，不知不觉间，便跌宕成了一幅多彩的山水田园画章；东侧保山寨梯田，秀美温雅，葱中点银，遥望，便似一条用一轮轮弯月穿缀而成的项链，精致绝美；每值日暮，阳光将远山近陌全都涂上一层金色的华彩，万里田连，一天橙红，绮丽的晚霞与淡淡的白雾不经意间便融成了田畔绽放的一抹抹深浅层叠的红紫，发酵的夕晖更在蓊蓊郁郁的丛林点缀下铺展出了一幅磅礴庄严的彩色幻象，个中唯美委实一言难喻。

待马踏星河远，星夜伴霓虹，连阡接陌的梯田亦伴着万家灯火陷入安静地沉眠，孰料，再次睁开眼帘，清美婉丽的多依树已偷偷卷走了阳光所有的眷恋。元阳，是个怎样的地方呢？或许不雅丽、不雍容，但却足够惊艳、足够纯粹、足够盛大。

所以，冬雪飘落的日子，足尖一路南寻的亲们，与其选择一次注定的相看两厌，倒不如选择元阳，选择梯田，收获无须赘言的多彩与完满。

📷 壮美的梯田

📷 元阳有的山坡上，梯田最高级数达3000多级，这在中外梯田中是十分罕见的。

剖析，凝结沉淀的历史

木府
显赫一时的家族

若丽江是一幅浓墨重彩的油画，那木府，定然是画中最雍容、最典雅，也最繁丽的那一笔。

人们常说："北有故宫，南有木府。"位处丽江古城城南狮子山下的木府，从来都是丽江最旖旎的一道风景。不到木府，枉到丽江，这话，虽有些夸张，却也不无道理。

丽江木氏，本不姓木，元末明初，明太祖朱元璋率部横扫中原、南征北讨，大理段氏岌岌可危，时丽江土司阿甲阿得审时度势，奉明为宗，面北而行人臣之礼，太祖大喜，赐其姓为"木"，自此而后，木氏便成了丽江最威权赫赫的家族，木氏土司衙门，即木府，亦成了丽江乃至云南最亮眼的一道文化符号。

和崇尚四平八稳、居中为尊的中原紫禁之城不同，面积近五十亩、坐西朝东、巍峨雄丽的木府，却不在古城正中，而是在古城之南，鳞鳞数百建筑，错落在繁花茂木之中，姹紫嫣红点染、长流玉沟横斜，却也美轮美奂。

府前忠义坊，矗立高天，摩云影，漱秋光，傍绿柳垂杨，三层雕花，威严大气，温润的汉白玉石，即便是夜色里，也总掬着一抹庄严与端丽的气质。坊后木府，殿堂巍峨，照壁回廊，长396米的中轴线两侧，林林总总，错落着无数恢宏建筑，花木春深里，更有亭台廊榭无穷，烂漫明光。

议事厅不是木府最精致的建筑，但黛瓦红墙边，那苍苍的茂木延转的却是唐宋的古风雅韵，厅内，盘龙的藻井、朱红的立柱、铺着虎皮的大椅，无形之间，更张扬出一种独属于纳西的粗犷与苍莽；万卷楼，辗转青苔落细雨，不见轩昂，却别有几分明清的隽秀与儒雅，楼内，典藏有千卷东巴经、百卷大藏经、历代名士文人诗书画作无数，每一卷都是学海奇珍、价值连城；护法殿轩丽恢宏，深沉的色彩、雕花的屏风，风雨辗转中，不知见证了多少岁月的嵯峨盛荣，木府所有的风云，似都从这里搅动，透过那微微有些斑驳的檐角，你、我、他仿佛仍能见到曾经的恩怨几多、情仇种种。

木家院是木府的家宅，既氤氲着几分纳西古风，又有几分江南烟雨的玲珑；皈依堂是座小小的佛堂，古朴雅致，拙而素丽，清清静静地缭香火、伴禅声，闲看着庭前的花开花落；玉音楼是一座极具中原流风雅韵的小楼，雕梁清屏，画栋花窗，夕阳西下时，伫立楼头，凭栏远眺，远方，似还有万家灯火辉煌，近畔，古戏台上，生旦净末丑亦唱遍了了琅嬛；三清殿位置稍稍有些偏远，道韵翩然，山水澄净，朵朵山茶盛放如彩霞，那仿佛倒植于湖中的参天古木更堪为天下奇观。

转过倒树的葱茏，盈盈远望，以无限芳菲为底衬的小花园里，两座绣楼亭亭向晚，琴歌声里，浓浓的尽是良辰月下的天真纯然。擢素手，弄清弦，一曲阳春白雪，一处梦里情长。移步登高，低首俯瞰，远远近近、高低起伏的亭台廊阁，和着夕晖，勾勒出的却是一片涌动的黛波，波澜起处，不见惊涛，简简单单间，却为岁月加了一个最恢宏的注脚。

倘若双眸已倦了那山水秀色、彩绘镏金，那么错步庭

宏伟气派的木府

　　园，到隐藏在铁刀木后的木府小博物馆中去看看书写着"木"与"和"的长卷，粗犷却奇秀的古挂坠，土司曾披挂的甲胄等，也很不错。

　　灯红酒绿、漫歌岁月的日暮，躺在茵茵的碧草间，一边听着木府过去的故事，一边静静地望着星空，数一数那星河转角处，是否还有断隙的银辉洒落一天的朦胧，更是一件极浪漫的事。

　　天雨流芳，不泯的岁月，不泯的清歌，走进木府，就如走进了一部纳西辉煌的民族长卷，山川之秀、殿阁之雅、庭园之丽、民俗之巧、风土之斑斓、历史之厚重，尽赋于斯，"古城大观园"之誉，自名不虚负。

旅程随行帖

☑ 木府是丽江大研古城的心脏所在，辉煌富丽，天然大观，自然风景十分优美，楼阁廊宇亦洋洋夺目，但，游木府，游的不仅仅是风景，还是历史、文化、情怀，所以，如果条件允许的话，还是请个导游为好，一边赏景一边听故事，才是打开木府的最正确方式。

束河古镇
感受宁静的古朴

古道斜阳，驼铃声声迤逦着旧日的流觞，伫立桥头，举目遥望，柳烟萤火，石莲枫红，束河的秋日，雪山倒影，蜿蜒一片情浓。

束河是丽江西北一个依山傍水的古朴小镇，镇子不大，错错落落，不过千余户人家，安安闲闲，幽幽静静，那错落的屋舍、青青的阡陌、玲珑的檐角、碎碎的阳光，总能勾勒出一种云滇最纯粹、最清丽、最明净的味道。

早春，薄雾微暝的清晨，悠悠漫步镇中，茶马古道上不竭的驼铃声早流淌成了彩色的过往。青龙桥头，那斑驳了岁月的石板边，一片落梅不经意间便鲜活了所有对纳西的向往；桥畔，一丛丛淡淡如烟的柳绿婀娜着彩霞；桥下，一泓清溪潺潺流动着点点兰芽；桥上，三五行人潋滟了薄雾，摇曳在水波中的眉眼更映红了远方煌煌的花色，烟柳平桥、阡陌清溪，水墨淡染间，雅逸天然。

待柳开新绿，花影绰月，九鼎龙潭如玉带般蜿蜒在日落的古镇，挽着他的手，和他一起无声看花落，细雨微风，万条绿绦垂钓着无边的风月，涟涟清波起处，细浪潮声，大大小小的鱼儿争相腾跃，欢声嬉闹了水草，一片融融和乐。

盛夏葱茏，花红木茂，潭边绿叶平畴之际，北方遥遥的远处，总会有一抹清冷的素白冉冉升起，那不是缥缈的雾、不是明媚的云，而是玉龙雪山略有些清癯的倩影；影落潭中，烟波穹庐，玉龙那凌霄独舞的神秀在岸柳垂杨、红花如锦的掩映下，亦随春秋，衍成了一曲以断碑为乐的清歌。

断碑，大概是龙潭最苍古的情结了吧。青灰中带着几许斑驳的石碑，看上去有些残破，炊烟晚霞腾起时，再望石碑，总觉得有些感伤。碑不高，年代早不可考，或许，它在潭边已伫立了千年，又或许，九鼎龙潭还没出现的时候，叩之即响、清越铮钋的它，便以残躯为龙门的夜月撑起了一片无雨的天空。

龙门，自然不是真正的龙门，而是一座古寺，寺庙不大，看形制，更像是一座北方典型的小四合院，曲廊回合、青瓦粉墙、阁坊精致、檐角飞扬、古色古香，因内供观音、龙王、孙膑三圣，是以，又名三圣宫。

伫立宫廊，凭栏远眺，远近天光、四时秀色，尽入眼帘。田畴翠碧、阡陌生涛、小桥花落、流水篱家，扎染的蓝布裁成了帘，帘后，痴痴的红颜、深情的双眸，一见之下，总令人难忘。

不过，在束河，最惹人眷恋的却不是纳西姑娘那明媚的眼眸，而是阑珊夏夜那圆圆的月。

漫漫星夜，一望无垠的碧空不经意间便漫卷了沉静的墨影，游目骋怀，无浪无风，唯"海上"明月生，一弯冰轮遍洒玲珑时，那溶溶的月色、清清的银辉、剪不断理还乱的种种爱恨，方能串起束河千年的岁月盛荣。

若你无意相遇另一段雪月风花，也没什么。

秋色烟浓的时候，邂逅西山，相遇一片熔铸了时光的深

红；初雪飘落的日子，致语石莲，用白雪留住那万家琅琅的书声，其实，也都很不错。

当然，若你最留恋的不是春花秋月、夏溪冬雪，而是最安闲、最惬意、亦最富生活气息的古镇时光，也不要紧。

踩着四方街的青石板，眼望四通八达的街巷，看着满目琳琅的各色商品，遥想当年茶马互市、皮货交割的喧嚷时光，何尝不是另一种浪漫。更何况，古镇的每一处转角，每一项风物，似都张扬着一种被时光珍藏了千年的娴静，无论是那独具纳西风情的商铺、客栈、茶馆，还是被小桥流水婉丽了的街巷，无论是把自己窝进竹椅中的老人，还是一边刺绣一边闲聊的妇女，时时处处，男男女女，都安闲精致得有些不太真实。

另外，既邂逅了丽江最古老的纳西族镇子，自然没有理由错过纳西的风物人文、七彩民俗：曼舞狂欢、将夜都烧成了黎明的火把节，喧喧闹闹、充满奇趣的东巴会，汇聚了嫣红姹紫、百万繁花的棒棒节等，都不容错过。

有梦想的地方，就有行旅；有美景的地方，就有清歌；相逢束河，邂逅纳西，或许，便是相逢了一段最幸福的时光，或许，便是邂逅了一段最美好的缘。

旅程随行帖

☑ 束河古镇是丽江三大古镇中最清净、最安闲、最净美的一个，风光明媚，气氛和乐，四季邂逅皆宜，但，若条件允许，还是建议小伙伴们避开五一、十一这样的旅游高峰，以免遭遇看风景、数人头的尴尬。

Chapter

别样云南，别样风情

03 风情，
云南的少数民族

不同的文化，不同的民俗，却有共同的愿景……

五十六个星座，五十六枝花，
五十六族兄弟姐妹是一家。
就像歌中描述的一样，
中华民族孕育了太多丰富的文化和习俗，
用它的丰富性、多样性和包容性，
向世人展示了它的博大精深、海纳百川，
而云南似乎成了多民族的代表。

白族
崇尚白色的民族

在云南众多的少数民族中，白族应该是最骄傲和自豪的一个，因为他们曾经建立起了自己的王国。937年，白族首领段思平在洱海地区建立了"大理国"。自那以后，白族便形成了一个具有本民族语言、悠久文化传统的民族。目前，他们仍然主要居住在大理白族自治州，在白墙青瓦的民居里享受南疆古城的悠闲。由于《五朵金花》的播出，白族姑娘也被亲切地称为"金花"，小伙子就顺理成章地成为"阿鹏"。

白族崇尚白色，以白色为尊贵。所以男子多穿白色对襟上衣，下穿白色或蓝色的肥大裤子，头上裹着一个白色的包头。白族妇女不论老少，都爱穿白衬衣，年轻女子梳一个辫子盘于头顶，以鲜艳的红头绳绕在白色的帽子上。

大理自古就凭借着下关风、上关花、苍山雪、洱海月为世人所津津乐道，而与此相对应的，是白族女子的帽子也叫作"风花雪月"。帽子的一侧随意地垂下的缨穗，飘来飘去代表着吹面不寒的下关风；帽子上所绣着的，就是绽放的山茶、杜鹃等四季不绝的上关花；帽子上还有精心梳理出来的雪白的绒毛，代表了冰清玉洁、赤日炎天也不融化的苍山雪；整个帽子的弯弯的形状，就是一轮俊秀的照射在洱海上的月亮。

白族人十分热情好客，多以茶水迎客。白族民间有"酒满敬人，茶满欺人"之说，所以白族人为客人斟茶不能斟满。若是贵客光临，白族人必以"三道茶"款待，这种饮茶方式已属茶文化范畴。

三道茶是白族最讲究的茶礼，因分为三道而得名。第一道为纯正的烤茶，入口有些苦，寓意人生应当吃苦耐劳方能有所作为；第二道加白糖、核桃仁、芝麻面等，入口很甜，象征着生活先苦而后甜；第三道加蜂蜜、红糖、桂花、米花、花椒等，入口后神清气爽，寓意曾经的辉煌和成功令人回味无穷。所以就有"头苦、二甜、三回味"的特点，也有人说这象征了人生的青年、中年和老年三个不同的阶段，意义非凡。

白族的特色食品很多，但是最著名的要数饵块和乳扇了。饵块又叫作粑粑，用蒸熟的米团包入核桃、糖、卤腐等，放在炭火上烘烤，烤好之后趁热吃掉，软香绵绵。乳扇是牛奶制品，也就是"云南十八怪"中的"牛奶做成片片卖"。产于洱源的优质牛奶，经过凝结、风干，制成薄片，可以生吃，也可以煎烤来吃，色泽诱人，入口即化，回味无穷。

虽然很多少数民族都以能歌善舞著称，但像白族这样的唱歌方式却是绝无仅有的。每年的农历七月二十六到八月初一，大理周围数以万计的青年男女都会自发地聚集在一起，参加石宝山歌会。他们拉响龙头三弦，用歌声寻找和自己情投意合的异性。这时候，大家就以对歌为主，以此拉近距离，获得异性的青睐。有时，为了较量歌唱水平，取得"战役"的胜利，甚至会唱上三天三夜，直到对方认输或者自己嗓子沙哑为止。这种执着的精神和追求爱情的坚韧是和谐一体的。

大理剑川的石宝山歌会　　白族民居

纳西族
隆重的祭天仪式

几乎每次看到那些难以捉摸的蝌蚪文，就会想起古老的纳西族。纳西族主要聚居于云南省丽江市，早在1000多年前，纳西族就以高超的智慧创造了这个民族珍贵的文化遗产——东巴象形文字。东巴象形文字是目前世界上仅存的仍在使用的象形文字，主要由巫师"东巴"用来书写经典，产生于公元7世纪，具有图文并茂的特点，以字代物，或代事，或代意，以简单的笔画表述心中的想法。一些用这种象形字书写成的句子和段落就像一幅主观画，随着想象变化着图案。因为有时它只是起到一种提示的作用，并没有固定的读法和写法，所以即使会说纳西语又认得东巴文字的人，也未必能够读懂经文。

七星羊皮披肩是纳西族妇女的服饰中最醒目的元素。披肩上并列排着7个绣花布圈，每个圈中有一对垂穗，寓意为"披星戴月"。据纳西族人说，布圈上用丝线所绣的精

东巴象形文字　　祭天仪式道场

美的图案是群星图，垂穗代表着星星的光芒。传说很久以前，一位勤劳、聪明的纳西姑娘与旱魔王搏斗，奋战数日，最后疲劳而死。神仙为了表彰姑娘，就捏成7个圆星星形状的饰品，镶在她的衣衫上。这以后，纳西姑娘就将"披星戴月"绣在披肩上，象征着勤劳勇敢，一直流传至今。

七月骡马交易会本是纳西族的一个传统节日。因为丽江的马匹远近闻名，到这里和纳西族进行马匹交易的人就络绎不绝，于是形成了一年一度的七月骡马交易会。如今，参加骡马交易会的，除了纳西族外，还有很多其他民族。骡马已经退居二线，不再是会场的主角了，除了个别的交易外，更多的是传统的民族节目表演、书画展览等，骡马交易会成了一个综合性的节日。若七月去丽江，一定不要错过这繁华的盛况。

纳西族有一个古老的民间传说：一位猎人在玉龙雪山上发现了一块奇异的石头，便背起来往家走，走了一段路后，放下石头休息，再要背起来的时候那石头就重得背不动了。后来，纳西族人就把玉龙雪山看成了神的化身。雪山上，总有一位穿白甲、戴白盔、执白矛、骑白马的天神保护纳西族人平安健康。这位白衣天神被人们称作"三朵"，也是纳西族心目中最权威的神灵。从此，每年的农历二月初八和八月第一个属羊日，玉龙雪山的三朵庙里就会人山人海，香烟缭绕，纳西族人会用全羊作为祭祀品举行隆重的祭拜仪式。

祭天是纳西族最为隆重的礼仪，分为春祭与秋祭，春祭比秋祭更为隆

别样云南，别样风情

纳西族歌舞表演

纳西族打跳舞

重。相传纳西族的始祖生了三个儿子，但都不会说话，纳西人举行祭天仪式后，三个儿子说出了三种不同的语言，后来逐渐演化成了纳西等三个民族。所以纳西人一直认为祭天可以保佑子孙的繁衍不息和茁壮成长，祭天也因此世代沿袭下来。

对天的崇敬使得祭天的一切器物都是洁净和专用的。无论祭台摆设还是工具，甚至连周围的树木都有一定的排列规则，也代表着一定的寓意。祭天用的米叫"神米"，祭天用的猪叫"神猪"，其他诸如锅、秤、刀、钩、叉、盆等用具，只归祭天所有，平时就不得随便使用。

风情，云南的少数民族

藏族
虔诚的宗教信仰

藏族是一个古老的民族。唐朝时期，松赞干布建立了吐蕃政权，清朝康熙年间改称"西藏"，藏族的名称由此而来。云南的藏族群众主要聚居在迪庆藏族自治州。

藏族大概是一个从外表上看就很容易区分的民族，因为他们的外部特征非常明显。比如服饰，经常是长袖、宽腰、大襟的长袍，妇女冬穿长袖的，夏穿无袖的，腰前系一块彩色花纹的围裙。围裙是藏族群众特有的装束，是藏族已婚妇女必备的装饰品。藏帽和藏靴同样是藏族服饰的重要特征，几乎很难同其他民族混淆。很多藏族群众都会随身佩带一把精制的藏刀，主要用来切割食物，还用于宰羊、剥皮以及从事很多生产劳动。藏刀的历史悠久，工艺精湛，已经成为一种文化了。

藏族群众最普遍的信仰是佛教。无论待人接物，还是日常生活，藏族群众似乎都离不开信仰。一个图案，一个饰品，似乎都有特殊的含义，似乎都来自神灵的赐予。所以，藏族的很多重要节日都和虔诚的信仰有关。

藏历元旦是藏族群众最重要的节日，人们要穿着节日的盛装相互拜年，并到寺院朝拜祈愿。四月十五日，相传是释迦牟尼成佛和文成公主到西藏的日子，各地的藏族群众都会举行宗教纪念活动。七月，粮食即将成熟，藏族群众背着经卷转绕田间，称"旺果节"，企盼丰收。

藏族群众朝觐佛像、佛塔、活佛时，一般在有宗教活动的寺庙中进行，这时要磕长头。双手合十举过头顶，头顶、前额、胸口拱揖三次，然后匍匐地上，伸直双手，如此反复进行。拜谒长者时，要磕短头，形式相对简洁，但同样表示尊敬和祝福。藏族群众对佛教的虔诚和普遍信仰致使很多佛教用语广泛流传下来，比如常见的活佛，意为神佛化为肉身；喇嘛，是藏传佛教里对高僧的尊称；六字真言指唵、嘛、呢、叭、咪、吽六个字；转世是佛教灵魂转世、生死轮回的意思。

藏族群众迎接客人时会用手指蘸酒弹三下，还要抓一点青稞，向空中抛撒三次。酒席上，主人端起酒杯先喝一口，然后一饮而尽，之后，客人才能自由饮用。饮茶时，客人要等主人把茶捧到面前才能伸手去接，否则就会失礼于人。如果藏族主人用羊肉招待，会把羊脊骨下部带尾巴的一块肉敬给最尊敬的客人，还要在肉上留一撮白毛，象征吉祥。

若有贵客前来，主人就会献上哈达。哈达是藏语，即纱巾或绸巾，以白色为主，也有浅蓝色或淡黄色的，最好的是蓝、黄、白、绿、红五彩哈达，五彩哈达用于最高、最隆重的仪式中。

提起藏族，大家总会提起青稞酒和酥油茶，即使没有亲口品尝过，似乎也十分熟稔了。藏族群众以糌粑为主食，在迪庆，带有羊皮糌粑口袋的人随处可见。糌粑是由青稞或豌豆炒熟后磨制而成的炒面，吃的时候，把糌粑放进酥油茶或青稞酒中搅拌，再捏成小团就可以了。青稞酒是用青稞酿制而成的一种低度酒，酥油茶是倒入木质长筒内的茶叶加上盐巴和酥油捣拌溶合而成的食品。藏族群众宁可三月无肉，也不可一天无酥油茶。

打酥油茶的藏族老妈妈

傣族
泼洒水花代表祝福

傣族主要分布在云南省西双版纳傣族自治州、德宏傣族景颇族自治州和耿马傣族佤族自治县、孟连傣族拉祜族佤族自治县,他们有自己的语言——傣语。傣族一个显著的特点是民族的服饰,就像我们见过的邮票中的那样。傣族妇女的穿着打扮可以说是全世界最美丽的,像孔雀开屏一样,五彩缤纷,美不胜收;而傣族男子一般都穿无领对襟或大襟小袖衫,下穿长管裤,用白布、青布或绯布包头,有的戴呢礼帽,显得潇洒大方。那些绣在男女衣服上的各种精美的图案,充分表现了傣族人对美好生活的向往和追求。

说到傣族就不得不提起泼水节,它们已经是不可分割的一个整体了。在云南各个少数民族共约400多个节日中,影响最大、参加人数最多的当数傣族泼水节。关于泼水节的来历,当地有这样一个传说:以前,一个无恶不作的魔王霸占了美丽富饶的西双版纳,抢来7位美丽的姑娘做他的

泼水节上欢乐的人群

妻子。姑娘们满怀仇恨，密谋着如何杀死魔王。一天夜里，年纪最小的姑娘侬香用最好的酒肉把魔王灌得酩酊大醉，使他吐露自己致命的弱点。原来魔王就怕用他的头发勒住脖子，机警的小姑娘小心翼翼地拔下魔王一根红头发，狠狠地勒住了他的脖子。果然，魔王的头掉了下来，变成一团火球，滚到哪里，邪火就蔓延到哪里，竹楼纷纷被烧毁，庄稼片片被烤焦。为了扑灭邪火，小姑娘揪住了魔王的头，其他6位姑娘轮流不停地向上面泼水，终于把邪火扑灭了，乡亲们开始了安居乐业的生活。从此，便有了逢年泼水的习俗。

传说终归是传说，实际上，泼水节本是傣族的新年，它起源于印度，曾经是婆罗门教的一种宗教仪式，后来被佛教吸收，经缅甸传入傣族地区。时间约在12世纪末至14世纪初，距今约700年。因为这个节日有一项重要活动是人们互相泼水祝福，所以人们称之为"泼水节"。

泼水节的时间在傣历六月下旬或七月初（阳历4月中旬），节期一般是3天。头两天意为送旧，最后那天意为迎新。节日清晨，傣族村寨的男女老幼穿着盛装到佛寺拜佛，聆听佛爷念经；之后，妇女们各挑一担水为佛像"洗尘"；佛寺礼毕，青年男女退出，相互泼水祝福；接着成群结队地四处游行，泼洒每一位过往的行人以示祝福。此时，歌声、铓锣声、象脚鼓声此起彼伏，到处是水的洗礼、水的祝福、水的欢歌，泼出的水也就变成了幸福之水、吉祥之水、友谊之水。人人都以被水泼到而感到幸福和欢快，因为它象征着吉祥、幸福、健康。众多泼水人中，傣族少男少女是"主力军"，因为他们更想通过泼水来传达自己的爱慕之情。

傣族的食品以大米为主，最具特色是竹筒饭。可是，诸如烧鱼、烧竹鼠、包蒸脑花、酸牛皮、炸蜂儿、炸蛐蛐、炸知了等这类菜名，却让人大吃一惊。不过它们的味道的确是一流的，闻一闻都会垂涎欲滴，至于吃起来嘛，只要学会慢慢享受就可以了。

彝族
点燃火把迎接太阳

彝族是中国具有悠久历史和古老文化的民族之一，主要分布在云南、四川、贵州和广西的西北部。楚雄和红河是云南境内彝族人口最为集中的两个地区，此外石林也有一部分。因为《阿诗玛》故事的盛行和流传，这里的小伙子又被叫作"阿黑哥"，姑娘被叫作"阿诗玛"，而且他们都很乐意接受这样的称谓。

彝族的火把节是中国少数民族传统节日中最具魅力的节日之一。它的由来自古流传着很多种说法，最具代表性的是关于彝族英雄大战恶魔，以火把驱除邪恶和灾害的故事。后来，彝族人为了纪念英雄，也为了祈求风调雨顺，保佑家族幸福安康，就在每年的农历六月二十四日，举行盛大的火把节。火把节一般历时三天三夜，分为迎火、颂火、送火三个阶段。第一天为迎火。家家户户都要准备丰盛的祭品，宰羊杀猪，迎接火神。当夜色渐渐弥漫整个村寨，老人们就在火塘里点燃火把，逐个地在儿孙们手中传过，在房前屋后游走，希望以此驱除邪恶和灾难。

第二天为颂火，是火把节的高潮。"谁把天空敲粉碎，满天星斗落人间"，从古人的诗中可见场面之热闹和壮观。天刚亮，成千上万的人就聚集起来，组织各种彝族传统的比赛和活动，比如赛马、摔跤、唱歌、斗鸡等。最轻松的活动大概就是选美了，在这一天，年长的老人们要挑选出最美的小伙子和姑娘，以纪念传说中的英雄和英雄的红粉知己。待到夜晚，数以万计的火把如一条条火龙，在山间，在平坝，往来穿梭，最后形成无数的篝火，烧红了整片天空。人们围着篝火尽情地歌唱、舞蹈，完全陶醉在欢乐当中，所以火把节被誉为"东方狂欢节"。唱得累了，跳得倦了，一对对男女便悄然走进山坡，拨动月琴，吹响口弦，互诉爱慕之情，所以彝族火把节又被誉为"东方情人节"。第三天为送火。夜幕降临时，人人手持火把，走到约定的地点，搭设祭火台，念经祈求火神赐予风调雨顺和幸福欢乐。

彝族是有名的能歌善舞的民族，光是彝族的民间传统曲调就比比皆是，让人大吃一惊。比如爬山调、进门调、迎客调、娶亲调、哭丧调等，几乎无论哪一种

石林彝族自治县境内的石林景区，在湖畔唱歌的彝族撒尼少女。

身穿彝族传统服装的老妈妈

社会活动，都有专门的曲调对应。其次是繁多的彝族乐器，葫芦笙、马布、巴乌、口弦、月琴、编钟、铜鼓等，多得连名称都记不全。再就是繁多的彝族舞蹈，如"跳歌""跳乐""跳月""打歌舞"等，除非是本民族的人，否则太难一一辨认了。

哪个民族的姑娘都爱美，彝族也不例外。她们似乎更愿意相互比较，所以才有彝族的赛装节。以前，比的是谁的衣服多、样式好，这样她就会被认为勤劳能干、心灵手巧。如今的赛装节上，彝族姑娘不停地更换新衣，一天要换五六套甚至更多，俨然一个个时装模特儿。她们快乐地投入比赛中，却苦了家里的那些老人，因为很多老人在山坡搭起了帐篷，他们要忠实地为自己的女儿看守服装。

鲜艳亮丽的彝族头饰

彝族的精美漆器

傈僳族
使用弓箭的勇士

　　傈僳族是云南的少数民族之一，主要聚居于云南省怒江傈僳族自治州和维西傈僳族自治县两个地方。

　　傈僳族一直居住在高山和峡谷地带。以前，房前屋后就是茫茫无边的原始森林，经常有各种飞禽走兽出没其间。经过多年的累积，勤劳勇敢的傈僳人不仅征服了大自然，过上了富足的生活，而且还练就了一身与凶禽猛兽搏斗的本领，发明了很多制敌的工具，弓箭便是其中之一。

　　箭的制作要比弓有个性。它由削制的竹枝做成，尾部安有加强飞行稳定性的三角形尾翼，而且分普通箭和毒箭两种。普通箭一般用来对付飞鸟、野鸡、野兔等小动物；毒箭用来对付那些凶猛的大型动物，比如野猪、虎、熊等。毒箭的毒来自剧毒的野生植物，泡制后毒性极强，将液体涂于箭头部位的小沟处，一旦射入动物肌体，接触到血液，毒性就会快速流遍全身，使动物中毒身亡。

农历二月八日是傈僳族传统的节日——刀杆节。相传有一位汉族英雄曾对傈僳族施以重恩，后来，傈僳人把他的忌日定为自己的传统节日，并以上刀山、下火海等活动，表达赴汤蹈火回报恩情的意愿。这天，几名壮汉袒胸露乳，双脚赤裸，模仿各种动物动作，在一堆堆烧红的木炭上来回跳动，表演下火海。上刀山更为惊险刺激，银光闪闪的36把长刀，刃口向上，横绑在两根20多米高的木架上，形成让人望而生畏的刀梯。傈僳人轻盈敏捷地爬上刀杆，手握刀口，脚踩刀刃，鱼贯而上，直到爬到刀梯顶部。

傈僳族妇女最鲜明的装饰特点是头戴"俄勒"。"俄勒"是用珊瑚、海贝、小铜珠编织而成的一种戴在头上的饰品，能将额头和两侧耳鬓罩住。阳光下，那片片海贝如皓月高悬，下面的串珠如众星捧月，给人一种雍容华贵的美。

傈僳族人喝贴面酒

"俄勒"的由来和美丽的爱情有关，象征着爱情的美好。如今傈僳族的小伙子都会做一顶"俄勒"送给自己心爱的姑娘，当作定情之物。

傈僳族招待客人饮酒时，有一种古老的习俗，叫作"贴面酒"。就是主人取来一竹筒酒，与客人脸贴脸地一同喝光，但不得有一滴酒溢出和掉落。饮"贴面酒"是不避男女之嫌的，即使夫妻一同宴请，丈夫可与其他女子喝贴面酒，妻子也可以与其他男子一起喝，这是很正常的现象。

初来乍到的客人，常常醉倒在贴面酒里，而主人却安然无恙。这是因为，主人怕酒溢出，竹筒口会稍向客人方向倾斜，客人怕酒溢出，只能大口大口地吞下，结果，就醉在了热情好客的傈僳人家中。

怒江的傈僳族人至今仍保留着"春浴"的习俗。春节期间，人们会在附近的温泉住上三五天，进行沐浴。他们有的每天洗五六次，并且认为只有反复洗浴，才能消除疾病，强身健体。而且，他们会在温泉中赛诗对歌，为节日增添一道亮丽的风景。

傈僳族认为在房前屋后喊"哦"会不吉祥，所以切莫触犯。

别样云南，别样风情

拉祜族
坦率正直的人们

　　"拉祜"是用火烤吃虎肉的意思，拉祜族也被称为"猎虎的民族"。拉祜族源于甘肃、青海的古代羌人，早期在北方过着的游牧生活。后来南迁，最终定居于澜沧江流域，主要分布在云南省的普洱、临沧地区，相邻的西双版纳、红河及玉溪也有分布。拉祜人乐于助人，团结一心，因而有"一家有事，全寨相帮"的习俗传统和精神风尚。生活中，拉祜人的淳朴、厚道、豪爽与热情时时处处都能体现出来。

　　拉祜人勤劳善良、崇尚礼仪，尤其崇尚为人坦率正直、光明磊落。他们像天真的小孩子严格听从老师的话一般，从来不说假话、虚话，更不会恶语伤人。"有酒桌上喝，有话当面说"，这是他们一贯奉行的信条。比起尔虞我诈的人际关系，他们之间相处的方式显得那么高尚，那么善良。如果邻里之间出现一些摩擦或误解，他们事后互递一支烟、互敬一杯酒，就会和好如初。若是无法定夺孰是孰非的话，就以摔跤判定，赢的一方就是有理的，被摔倒的就是无理的，他绝无二话，只能心悦诚服地赔礼道歉，然后双方如从前一样互诉衷肠，互帮互助。在拉祜族的寨子里，心胸狭隘、自私自利的人是不受欢迎的——当然，也几乎找不到一个这样的人。有时候，真希望世界上所有的民族都能像拉祜族一样，坦率正直。

拉祜族人常说："太阳、月亮是最老的人最先看到的，粮食谷米是最老的人最先栽种的，山花、野果是最老的人最先找到的，世上的事情最老的人懂得最多。"因此，拉祜族以敬老为荣。无论哪家，老人的床铺都在最暖和的火塘旁；饭桌上居中的位子就是老人的；屋内为老人设置的座位，年轻人不能坐，不能在老人坐卧的地方来回走动；老人讲话时，不能随便插嘴，更不能打断；新米节时，第一碗新米饭要让老人先尝；敬酒敬茶时，要先敬给年岁最长者，必须双手奉上；在拉祜族人家做客，第一个接到主人敬的酒，要把酒转奉给在座的老人或年岁最长者。

拉祜族聚居地盛产茶叶，是著名的茶叶之乡。拉祜人喜欢饮茶到可以一日不进餐，但不可一日不饮茶的程度，"不喝茶就会头疼"。若招待客人，拉祜人必会拿出上等的烤茶。但煮出来的第一道茶一般不给客人，而是主人自己喝下，以示茶中无毒，请客人放心。第二道茶才敬给客人，茶味正浓，茶香四溢。

拉祜族忌打狗杀狗，忌吃狗肉。拉祜族过火把节时，人们要拿着火把到田间地头举行"叫谷魂"仪式，路遇拉祜人叫谷魂，切莫与他们讲话，否则会惊动神灵。

打鱼和洗衣归来的拉祜族人

佤族
木鼓是神圣的象征

佤族主要分布在云南省西南部的"阿佤山区"。佤族自称"佤""巴饶克""阿佤"等，意为"住在山上的人"。根据本民族的意愿，1962年定名为"佤族"。

佤族地区普遍流传着"司岗里"的传说。"司岗"是"石洞"或"葫芦"的意思，"里"是"出来"的意思，意即佤族最早是从石洞里或葫芦里走出来的。无论佤族从哪个传说中的地方走出来，这个民族本身都带着原始的影子，好似一个十分久远的故事。

佤族的男女恋爱时，小伙子可以同时和好几个姑娘谈恋爱，姑娘也可以同时接受好几个小伙子的追求，最后选择一个最合适的人结婚，十分开放，似有"博爱"之嫌。但他们也会因为一些不祥的梦而在外人看来十分轻易地放弃左挑右选、彼此深爱的人，最后分手。

和白族崇尚白色相反，佤族崇尚黑色。在民族传统中，妇女以黑齿红唇为美，即使牙齿天生是白色的，她们也会想尽办法把它弄黑。头发和肤色也是越黑越好，就连服饰也如此。他们夸奖某人肤色好看时会说"像小雀果叶子那样的黑亮"一类的话。乍一看，似乎和非洲的某些民族有共同的特征。

木鼓是佤族的象征，是佤族的传统祭祀工具和乐器，也是佤族人崇拜的神圣之物。木鼓的大小不一，且分公鼓、母鼓两种。因为佤族是一个母性崇拜的民族，所以从外观看，公鼓样式古朴、个头较小，母鼓则很粗壮；从摆放位置上看，左边是母鼓，右边是公鼓；从声音上听，公鼓的发音低沉，音色粗重，代表佤族男子的勇敢、剽悍，母鼓音节较高，音色清脆，代表佤族女子的能歌善舞。

佤族为供奉神圣的木鼓搭建了专门的房屋——木鼓房。木鼓房是佤寨重要的、标志性的建筑物。在云南的佤族村寨中，每个村寨都有一至数个木鼓房。尽管面积不大，结构简单，但却像其他民族的宗教庙宇一样神圣不可侵犯。

同样，制作木鼓也成了佤族人神圣的职责和光荣的使命。制作之前，要进行所谓的"拉木鼓"，就是在寨子外砍伐树木，制作新鼓，更换旧鼓的活动。拉木鼓的人白天杀牛祭神，晚上再砍伐事先选好的生长在悬崖峭壁上的最硬、最耐敲打的树木。第二天清早，全寨的男女老少都身着节日盛装，载歌载舞地将树木拉回来，但当天不能进寨，需杀鸡祭祀后另择吉日。进寨以后，再进行精心制作。

制作一只木鼓需要四五个人花费大约20天的时间。完成之日，要立即敲响，举行新木鼓的安放仪式。至此，整个"拉木鼓"的祭祀方告结束。

这种伴着木鼓声欢快起舞的场面，后来便发展为独具特色的"拉木鼓舞"。如今，拉木鼓舞已是佤族人引以自豪的文化之一，每逢喜庆的日子，人们都要跳拉木鼓舞，不仅抒发了心中的喜悦之情，也把佤族人的刚健豪放展现在了世人的面前。

敲击木鼓的佤族青年

佤族村寨的茅草房

哈尼族
聆听布谷鸟的叫声

哈尼族是我国西南边疆古老的民族之一，绝大部分分布在云南省南部红河与澜沧江的中间地带。其中哀牢山区是哈尼族人口最集中的地区。

哈尼族终年生活在深山远林中，几乎与世隔绝。所以相传哈尼族人古时由于分不清农事节令，栽种的庄稼收成不好，终年的辛劳换来的仍是饥寒交迫、一贫如洗的生活。天神为了帮助哈尼族人，派遣布谷鸟从遥远的天边飞去，报告春天到来的消息。当布谷鸟飞到一个烟波浩渺的大海时，已经累得筋疲力尽，眼看就要坠海身亡了。这时，从海里生出一棵枝繁叶茂的大树，布谷鸟就在上面歇息调整。后来历尽千辛万苦，终于把春天的信息传达给了哈尼族人。

从传说到现实，每年之初，单纯的哈尼族人就会倾听天空，倾听布谷鸟的叫声，倾听春天到来的消息，准备一年的耕种。为了感谢布谷鸟报春，哈尼族的各村寨筹办美酒佳肴，用花汁浸泡糯米，蒸出香喷喷的糯米饭，虔诚地献给布谷鸟。然后，哈尼族人欢声笑语地庆祝一年一度的"里玛主"节，就是"春天的盛会"。而每当春天里第一次听到布谷鸟的叫声后，他们都习惯地回答一声："我听见了。"据说，这样就会让一年里五谷丰登、健康平安。

哈尼族有一个非常独特的节日，叫作"捉蚂蚱节"。每年过了6月，哈尼族人种植的水稻开始抽穗。为了确保水稻丰收，不受害虫的侵犯，全村寨的男女老少就会到稻田里捉蚂蚱，以家庭为单位分头捕捉。当捉够一竹筒后，他们就把蚂蚱分尸成5份，头、腿、身、屁股、翅膀各一堆，再用竹片把零碎的部位夹起来，插在田埂或排水沟旁，以警告尚未捉到的蚂蚱及其他昆虫。过一会儿，再把这些蚂蚱重新收进竹筒，带回家吃掉，因为蚂蚱是哈尼族美食之一。离开田地时，人们都要不停地大喊："蚂蚱，3天内不捉你了，3个月内你不要吃稻谷！"

哈尼族人在山间生活，所以传说远古时候，他们只能住在山洞里。后来他们搬迁，看到漫山遍野生长着大朵大朵的蘑菇，它们不仅不怕风吹雨打，还能让小昆虫在下面栖息繁衍。哈尼族人灵机一动，就照着蘑菇的样子盖起了房屋，不仅经久耐用，而且冬暖夏凉。哈尼族人的蘑菇房也是中国民居文化中的重要组成部分。

哈尼梯田的开凿和营造，从春秋时期到现在，历经数千年的历史。它不仅是哈尼族人征服自然、利用自然的真实写照，也是哈尼族人勤劳和智慧的结晶，是心血与汗水的凝结，是人类改造自然的壮举。当你在梯田中行走，哈尼族人顽强的性格和聪明的头脑便清晰可见。

📷 嘎汤帕节是哈尼族的主要节日，"嘎汤帕"是哈尼语，意为万物复苏、万象更新。过节时间为每年的1月2日至4日，节日期间人们身着盛装，还有长竹竿舞、荡秋千、射弩等文娱活动。

壮族

唱响三月份的歌圩

壮族是中国少数民族中人口最多的一个民族，云南的壮族主要分布于文山壮族苗族自治州、红河哈尼族彝族自治州和曲靖地区，是一个能歌善舞的民族。

据《天下郡国利病书》记载："壮人花衣短裙，男子着短衫，名曰黎桶，腰前后两幅掩不及膝，妇女也着黎桶，下围花幔。"

壮族的男装大多是对襟的唐装，有一排整齐的布结纽扣，衣服的胸前处有一对小兜，腹部有两个大兜。裤子肥大，短及膝下。壮族女装大多是一身蓝黑，襟边点缀着数对布结纽扣。头上包着彩色的布巾，腰间系着精致的围裙，裤脚同样稍显宽大。

因地域不同，农历六月初一或七月初一是壮族的小年，也叫作"六郎节"或"七郎节"，是最为隆重的节日。壮族家家户户3天不做任何农活，村村寨寨宰牛杀鸡，进行祭祀活动。

风情，云南的少数民族

壮族姑娘在表演《手中舞》

　　壮族妇女要染五色糯饭，而且互相比较，评选染色最鲜艳的一个。第二天，她们还要将自己所染的五色糯饭背到娘家拜年，和汉族的春节相仿。

　　歌圩是壮族人在特定的时间、地点举行聚会的一种歌唱活动形式，它源自古老的氏族部落时代祭祀性的歌舞活动。在长期发展的过程中，歌圩也流传下来很多动人的传说，最普及的是"赛歌择婿"的故事。传说在很久以前，有位壮族老歌手的女儿长得十分俊秀，山歌唱得又好，老人希望挑选一位歌声出众的青年为婿。各地青年歌手闻讯纷纷赶来，赛歌求婚，从此就形成了定期的赛歌活动。

　　事实上，据古代文献的记载，歌圩早在宋代就已经流行，并逐步形成了歌圩文化——壮族的少妇婚后怀孕，有安胎歌；婴儿出世，有祝福歌；小孩牙牙学语，有儿歌；日常的生活对话，有对歌；谈情说爱，有情歌……直到寿终，亲人朋友还要以歌相送——然而，最动听、最隆重，也是最负盛名的是三月三的歌圩。

　　三月三是壮族人的传统节日，男女对歌就成了这天的一项主要活动。在歌圩上，各村落的男女青年，都穿上节日盛装，携带礼物，集体对唱山歌，用歌声表达自己内心的感情。小伙子主动出击，边唱边观察物色对歌手，直到找到比较中意的对象，便唱起以询问为主的歌曲，以此来接近和博得姑娘喜欢。尽

壮族的欢乐节日

管也会遭遇挫折，但他们绝不会放弃这难得的机遇。

而姑娘们也不愿放弃这个认识心上人的佳期。她们有时会主动搭起五彩绣棚，等着小伙子到来，同样一边唱歌一边审度着对方。有时，她们还会向意中人轻轻抛出绣球，像公主择婿一样，对方如果中意，就会在绣球上绑上随身带来的礼物，掷还女方。有些歌圩还有碰蛋的习俗：小伙子用自己的彩蛋碰姑娘手中的彩蛋，姑娘如果愿意和他做朋友，同意交往下去，就露出半边蛋让他碰；若不愿意，就整个握在手里，羞涩地拒绝。

歌圩上的对歌讲究问得好、答得妙，歌词随编随唱，亲切感人。所以才从古至今长盛不衰地流传了下来，使得在壮族的任何一个角落，总能感觉到有悦耳的歌声此起彼伏地浮在山风里，慢慢地流淌在澄澈的天空下和多情的山坡间。

Chapter 03
风情，云南的少数民族
159

📷 现实生活中的桃花源，文山州广南县的壮族村寨坝美村。

📷 织布的壮族姑娘

苗族
无畏恶劣的生存环境

苗族是云南少数民族中人口较多的民族之一，他们主要聚居在文山壮族苗族自治州、红河哈尼族彝族自治州等地，但全省各地几乎都有分布。他们喜欢居住在山谷或山间，具有不畏艰难的精神。

苗族迁入云南的时间，最早始于唐代，而大量迁入则是在明、清时期。在漫长的苗族历史发展中，部落之间连年的战争，导致他们长期处于迁徙状态之中。迁徙的方向自东向西，由北而南，至于小范围内的移动则是多方向的。他们沿着云南的各座高山的山势，在群山中辗转，似高山融化的积雪般慢慢渗透到云南省内的大部分地区，居住较为分散。

他们也有汇集在一起的时候，那就是花山节。虽然在时间上有所差别，比如滇南苗族的花山节主要在正月初二至初八初九，滇东北和滇中地区的主要在五月初五，但是这一年一度的花山节却不谋而合地成了青年男女寻觅伴

苗族传统舞蹈

侣、中老年人互相祝福的佳节。这天，方圆百里内的青年男女都会身着节日的盛装，潮水般地从四面八方涌向五彩缤纷的花山场，好像为了补偿一种长期流浪无法聚集的酸楚。此时，花山场锣鼓齐鸣，各色彩旗迎风飘在空中，种种活动便在欢快的气氛中缓缓拉开序幕。在鲜花的掩映下，花山节似梦幻般令人陶醉。

苗族人十分注重礼仪，客人来访，必杀鸡宰鸭盛情款待。但在餐桌上，切记不能去夹鸡头、鸡杂和鸡腿，鸡头要敬给长者，鸡杂要敬给老年妇女，鸡腿要送给年纪最小的人。当告别苗族主人家时，最好要有礼貌地说声"哇周"，意为"谢谢"，感谢苗家的盛情款待。

回族
载入史册的开创者

　　云南省的回族人分布广泛，几乎各市县都有回民居住。他们主要居住在交通沿线城镇，居住山区的较少。

　　大批回族人迁入云南是在元代，1253年，元世祖忽必烈率领蒙古军和西域回族军约10万人攻灭大理国后，组成了以回族军民为主体的屯田户，开发了大片荒地，修筑了多条驿路，使云南交通大为发展。同时，还创建了云南历史上的第一所官办学校，为云南培养了大批后备人才。

　　到了明代，云南回族中出现了一位伟大的航海家——郑和。在近30年的时间里，他率领当时世界上最巨大的船队7次下西洋，访问了30多个国家，行程10万余里，创造了世界航运史上的奇迹，此举对中国乃至整个世界的贡献不可估量。

　　回族对整个云南的贡献从古至今从未间断过，已经成了云南这个多民族聚居地中不可或缺的一员。

风情，云南的少数民族

开斋节是回族的盛大节日。回历每年九月为斋月，一个月的时间里，回族人只许在日出前和日落后进餐，白天戒绝饮食，不允许在公共场所吃喝，但老幼病残孕可以不用守斋。到开斋节的这一天，回族人沐浴更衣后聚集在附近的清真寺做礼拜，开始节日活动，宰牛宰羊，尽情享受美食带来的幸福之感。

回族人开斋节诵经

Chapter

别样云南，别样风情

04 体验，
云南最浪漫的事

在云南，把一生中最想做的事情都做完……

我能想到最浪漫的事，
就是和你一起慢慢变老，
直到我们老得哪儿也去不了，
也能坐在摇椅上慢慢聊。
在云南，你能想到最浪漫的事情，
都可以在这里尽情地实现。
就像歌词中唱的一样，
留在这里，慢慢变老。

云南看云
发现不经意的美

　　无论云南的名字是来自"云彩南现",还是"彩云之南",还是"云岭之南",都紧紧地和一个"云"字联系起来。而且,也没有一个地方,可以对应地叫作"云北"。可见,"云"即便不是云南的特产,起码,云南的云也独具特点。

　　云南看云,首先看的是天空。天空是云的背景。天空湛蓝、透明而无限,空气中可以触摸到阳光的震颤。在这样的天空背景下面,云朵才会不受压抑,不受拘束,不被沾染。况且加上了土地的红和植被的绿,想一想,这又是怎样的景色?

　　云南的云,多的是缀满半个天空,或悬浮成团,或云絮分布如鳞片,无心而舒卷,似乎都懒得去转移。在清晨的时候,喷薄日出染上霞光万道;日暮时分,又被余晖涂抹了悲哀。但是并不能说明,云南的云就缺少变化。

大理的苍山十九峰，其中有一座就叫作玉局峰。常常在晴朗的天空下，从玉局峰上升起一朵白云。白云如同孤独的烟柱，越升越高。在高空中，它开始变化、伸展，极尽袅娜之姿态，从而幻化成一卓绝女子。"女子"欠身，向山下的洱海张望。洱海茫茫，一望无尽。"女子"望穿秋水，忧愁成愤，勃然变色，白云从白到灰，由灰入黑。与此同时，洱海烟波浩渺之中，方升起另外一束云柱。两束云柱遥遥对望，可望而不可即。刹那间，天地变色，风起云涌，偌大洱海在狂风的震动下，波涛澎湃犹似奔马，相互撞击如同巨大石块，响如雷霆。天空垂垂欲坠，风势越发凶猛，海水接天而立，海心豁然中开。

玉局峰上的云朵就叫作"望夫云"，是南诏公主的精魂，要探看被镇压在洱海之下的丈夫，精诚所至，海水为开。它又是云信，当地的渔民看见，就会降帆归棹或者停止出海。因此"望夫云"又叫作"无渡"。

📷 红土地上的云朵

玉龙雪山确实像一条巨龙，隐藏在云层之间，很少向世人露出真正面目，所谓神龙见首不见尾。玉龙固然神奇，但是这样的神奇，同样在于裹卷它的腰身的云朵。白云从斜谷山岫生出，如同纱的撕扯，雪的飞扬，而山体更显得坚硬和傲岸。云一时多变，从四面攒起，依山体向上斜卷、积累，越发浓厚，终于包藏整个雪山，而转入阴沉颜色，郁郁成大块。日光变得惨淡，云山水汽淋漓。天风忽来，刚烈有余。大块云团骤然破裂，被天风割成无数碎块，随风疾飞。云朵的边缘染上日光的金色，瑰丽无比，横空飞行，在地面上投下倏忽的阴影。光影斑驳，风流云走，雪山于是灵动，骄子飞翔，战罢玉龙三百万。

像哲人一样，举头望天。狭隘的生活不会造就宽广的心灵，即使身在有限的空间，但依旧可以把眼光放得更高更远。或者，也并不是哲人，没有在探求天空的无限，但是也不妨碍抬头观看云朵。

况且在云南看云，看的也未必尽是云朵。那天上的白云，须臾变成的苍狗，看到的又是什么呢？是空灵，是自由，是浪漫，是飘浮的虚幻，可见的真实，是遥远的理想，旅人永不停滞的脚步……

或者很简单，看见的仅仅是写满天空的心情故事。

寻访西南联大
历史要铭记于心

寻访西南联大，寻的是一份精神、一段过往、一种思绪、一腔感动，立德立言，奋身奋勇，无问西东。

1937年，七七卢沟桥事变后，抗日战争全面爆发，为保薪火永传，北京大学、清华大学、南开大学众师生辗转南迁至长沙，在岳麓山下，组建了长沙临时大学，然后随着硝烟日迫，衡山湘水亦渐染血色，无奈，三校师生只得再次西迁，在西南的春城，寻到了一片得以扎根立世、育德育人的净土。

1938年5月4日，长沙临时大学更名国立西南联合大学，并正式开课，大学内，分设法商、文、理、师范、工五院二十六系，系别虽不多，师生亦不繁，却堪称大师云集、群英荟萃。

联大立校八年，任教的教师前后近三百余人，其中不乏梁思成、华罗庚、沈从文、赵元任、闻一多、陈寅恪、朱自清、吴晗、费孝通、冯景兰、赵九章、周培源等赫赫名家、学界

1947年4月27日，北平清华大学36周年校庆，原西南联大四校领导合影。左起：昆明师范学院院长查良钊、北京大学校长胡适、清华大学校长梅贻琦、南开大学秘书长黄钰生。

泰斗；另，八年的时间，联大亦培育了无数人杰俊彦，如中共中央政治局原常委、中央组织部原部长宋平，全国人大常委会原副委员长王汉斌、全国妇联原主席彭佩云，诺贝尔物理学奖获得者李政道，两弹一星元勋邓稼先、王希季、朱光亚，国家最高科技奖获得者叶笃正、吴征镒、刘东升、黄昆，著名文学家汪曾祺等。于今，漫步昆明老城北门街云师大校内，一步步前行，似还能丈量出曾经那段烽火中薪火不灭、学海扬波的旧时光。

八十载岁月斑驳，随着三校的陆续北返，西南联大早已不在，然而在联大旧址，在以联大师范学院为前身的云南师范大学，那只属于西南联大的气息却久弥不散：雕刻着联大教授名言的立柱随处可见；绿树掩映的红烛广场总氤氲着一股怀旧的味道；一张张早已发黄的老照片记录着联大学子曾经的风华正茂；三校亭前，木莲含笑，葱葱茂木连缀着莘莘学子们的谊久情长……

历史会铭记一些东西，同样，也会遗忘许多过往。

寻访西南联大，寻的或许不仅仅是一段故事、一份追忆、一缕精神、一丝过往，还是一种传承、一脉延续、一份深情、一丝时空交错处的馨香与想望。

寻找陈圆圆
解开世人的迷惑

汉武帝刘彻是中国历史上伟大的皇帝之一，至少被他驱逐到万里之外的匈奴人会这样认为，所以他说话也顶威风八面。在他很小的时候，他的姑姑长公主曾经问过他喜不喜欢自己的女儿阿娇，刘彻毫不含糊地说："若得阿娇，当以金屋贮之！"

后来刘彻当真做了皇帝，阿娇也当真成了皇后。但是金口玉言的汉武帝还是没有给阿娇铸造金屋。

"金屋藏娇"于是成为一个传说，没有人去做，也没有人能做得起——直到中国出了个吴三桂。他做得比汉武帝说得还过分，他修筑了一座金殿。

太和宫金殿，坐落在昆明城东北角的鸣凤山上，又叫作铜瓦寺。整座金殿金碧辉煌，通体用黄铜铸造，共用铜25万千克。但是一定不要鄙夷这里使用了黄铜而不是黄金，其实在汉代，所谓的"金"指的就是黄铜，而在清朝，黄铜也是用来铸造钱币的材质——总之，和用货真价实的货币铸造无异。

金殿用来供奉真武大帝。不过，据说吴三桂偷梁换柱，把真武大帝的真颜居然按照自己的容貌塑造。在金殿上，还陈列着吴三桂使用过的宝剑和木把大刀，以显示他本人的孔武有力。

吴三桂是一介赳赳武夫，其个人品行又实在不值得述说。来金殿的人也并非要来瞻仰他的容颜，而是心里面埋藏着另外一个美丽的身影，那就是陈圆圆。正如人们宁愿相信，金殿的建造，就是吴三桂送给陈圆圆的礼物。

昔人已逝，虽然莲花池的旁边就有陈圆圆的塑像，但是也不足为据。如果要用来说明陈圆圆的天人之貌，怕只有从吴三桂的"冲冠一怒为红颜"中，得到一些证据。而吴三桂和陈圆圆在一起，居然也使他的历史有了一些风流的意味。同样是汉武帝时期，就有一个乐师李延年做出这样一首歌：北方有佳人……

这首诗大概用在陈圆圆的身上，也是最合适不过的了。自古红颜多薄命，美丽又有什么罪过？如果把明朝的灭亡，李自成的失败，清军的入关，都放在这样一个女子的肩头，大概只能让她显得更加瘦弱，而不能负担。或许就是这些原因，或许也真的是因为美人迟暮，最终她只好选择出家，青灯古佛，以终此生。

临古迹而伤怀，吊昔人而太息。拿着一卷《明史》，到金殿感悟时光的流逝，于金殿外的芳华中寻找陈圆圆的踪迹。只是，手中又未必拿的是古奥的《明史》，而是一本金庸先生的《鹿鼎记》。

太和宫门匾　　　　　　　　　　太和宫金殿内供奉的北极真武大帝

喂红嘴鸥
任时光轻舞飞扬

初晨，一缕天光点染了东方的白，溶溶的金伴着清清浅浅的橙一点点晕开了时光的眉际线，一望无际的翠色潋滟了滇池最古老的无言，粼粼的波光中，或交颈而眠、或盘桓旋飞、或伫立远望、或微微发呆、或戏水捕鱼、或轻啄彩霞的红嘴鸥们便以清脆的啼鸣奏响了一天的烂漫。

每年11月左右，曾将西伯利亚的春夏点染的红嘴鸥们便会越冬而至，为滇池种下一颗又一颗红色的种子，待次年3月，红嘴鸥挥一挥翅膀，带走漫天云霞的时候，那发酵了一冬的红亦随之绽放成一春的斑斓妩媚。

喂红嘴鸥，最佳的选择是在海埂。

海埂，是一条长约2.5千米、东西横斜、直入滇池的楔形长堤，堤畔有绿柳垂杨，有桃红烂漫，也有银沙软语、鹅卵生波。被露水滴落的清晨或者被彩霞弥漫的黄昏，一个人静静

体验，云南最浪漫的事

📷 游客正在喂食红嘴鸥

地站在海埂上，吹着海风，发发呆，看群鸥翔舞，或者，找些玉米碎粒、面包屑、火腿肠洒给红嘴鸥，看它们上下翻飞、回旋啄食，感觉真的蛮不错。

阳光温煦的上午或者下午，海埂边向来人山人海，喧嚣的同时，又带着几分令人着迷的烟火气息，此时，亦是红嘴鸥出现最多、最频繁的时候。随着此起彼伏的人声与笑声，红嘴鸥们盘掠飞舞、不断地下落啄食，啄食一口之后又振翅飞高，反反复复；还有一些，则追逐那美味的面包屑翩翩而舞，舞出一道道好看的弧度，此起彼落，无形之间，竟交织出了一片流动的白色风景线。

向阳花常开，池畔月徘徊，一泓碧水，万千鸥慕，冬春辗转的季节，邂逅昆明，邂逅滇池，和红嘴鸥谈一场不得不说的恋爱，来一次意料之外的亲密接触，或许，真的能将美好与欢颜圈住、带走、打包寄回记忆深处，深处……

旅程随行帖

☑ 喂食红嘴鸥的时候，不要往鸥群里扎，更不要处在鸥群的下方，不然，很可能会收到来自天上的"白色炸弹"——鸟屎；另外，红嘴鸥虽然食性比较杂，但也不是什么都吃，投喂的时候最好别标新立异，比如，投喂个辣椒什么的，否则被你的"黑暗料理"荼毒的红嘴鸥们很可能会进入暴走状态，抓伤你或者啄伤你就不好了。

普洱品茶
情调这样培养

在云南的红土地上，向北、向西、向南延伸着许多古道：向北通过昆明中转到北京；向西横贯云贵高原和青藏高原，到达拉萨，从拉萨又辗转到尼泊尔和印度；向南直接跨越国界，到达越南、老挝、缅甸和泰国。

这些古道，即使在千年以前，也是这样的狭窄。古道由石板铺制而成，在崇山峻岭、丛林茅草之间穿梭隐没。平日就人迹罕至，几乎是属于鸟兽的世界。一阵清脆的铃声，打破了这片寂静，接着就是"嘚嘚"的杂沓的马蹄，从古道的远处出现了一队人马的身影。

身影渐近，可以分辨出这一伙人马。看上去是客商，不知走了多少路程，即使每一个人都强壮剽悍，但都掩不住面容的疲惫。马匹在打着喷嚏，马背上驮着竹制的背篓。这一伙人马没有休息的意思，继续着前进的脚步，很快又消失在丛芜后面。但是石板路上，留下了浓烈的马匹身上的汗味，以及夹杂在汗味之中却清晰而悠长的芬芳。

这些古道有一个名字，叫作"茶马古道"。三个方向向外辐射的茶马古道，有一个中心，叫作"普洱"。那股悠长的芬芳就是茶香，茶叶的名字也叫作"普洱茶"。

普洱是茶叶的故乡，有"武侯遗种"的传说，把种植茶叶的起源附会到曾经在此征战的诸葛亮的名下。其实普洱茶的历史更加久远，在3000年前的周朝，这里就已经开始种植茶树。普洱茶名扬海外，却不仅仅因为它的历史，更多的是因为它的品质。

普通的茶叶以新鲜为贵，而不能用于储藏，时间一长，就会淡然无味，这是一条基本的定律。不过，这样的定律不能用于普洱茶。在过去的茶马古道上，千里迢迢，马队往往要在路上耽搁5个月之久。奇特的是，等普洱茶运输到目的地之后，人们发现普洱茶不但没有失去它的香味，反而脱尽了新茶的苦涩口感，变得更加香甜。

人们回过头来探讨普洱茶发生质变的原因，发现是由于在云南湿热的空

别样云南，别样风情

普洱茶

普洱大片葱绿的森林，让人如痴如醉。

气下，茶叶慢慢地发酵。这种发酵作用能够持续很长时间，可以达到十几年甚至几十年，而普洱茶的质地也随之不断地提高，散发出独特的芳香。人们根据这个特点，给它的香气起了一个很有内涵的名称"陈香"。

陈香是时间的积累，是不断的自我更新。到普洱品茶，沉浸在那一片陈香之中，眼前就会浮现出许许多多关于普洱茶的传说，沧海桑田，物是人非，留下的是时间的故事。

体验，云南最浪漫的事

品尝过桥米线
爱情的吃货

蒙自县城有两件事会永远流传下去。一件是抗战时期，西南联大的文法学院曾经入驻，一时风流俊秀人物满目，斯为文化界之盛事；另一件和爱情有关。

在更早些的时候，有一位书生为逃却烦扰，躲在湖中岛苦读。湖中岛通过长长的堤桥和湖岸相连，而他的妻子则每天踏堤过桥给书生送饭。堤桥实在太长，妻子每天的饭菜送至之时，就已经冰凉。虽然书生并没有加以责怪，但是妻子还是感到内疚抱歉，认为是自己的错误。直到有一天，妻子发现煮过的鸡汤，因为上面覆盖着厚厚一层鸡油，使得热气不能挥发，即使长时间之后，依旧滚烫。于是妻子得到启发，在鸡汤内放入米线，送给书生。又是踏堤过桥，至湖心岛，米线恰巧熟透。书生拨开鸡油，鸡汤滚烫如新沸，米线浮动如银丝。总之书生食欲大动，不亦乐乎。妻子见状，就把它当作一个习惯保留下来。

　　故事的结尾很符合中国人的思维习惯：书生一举成名，衣锦还乡，他们过上了幸福的生活。但是另外有一点不同：书生想起自己过去的清苦生活，想起一日三餐，于是就给鸡汤米线起了一个名字——过桥米线，因为中间要过一座堤桥。

　　也许这仅仅是一个关于饮食的故事，在书生考取功名之前，两个人之间也是很简单的平常生活。可是就在这平常的生活当中，有着丈夫锲而不舍的志气，妻子默默无言的关心，有着外表平淡但是内心火热的爱情。

竹荪十分俊美、色彩鲜艳，稀有珍贵，被人们称为"雪裙仙子""山珍之花""真菌之花""菌中皇后"。

当你有幸在云南吃到15份配料和8种调料的极品过桥米线的时候，你才会明白什么叫作正宗，并且彻底放弃模仿制作的想法。

让人垂涎欲滴的正宗云南过桥米线

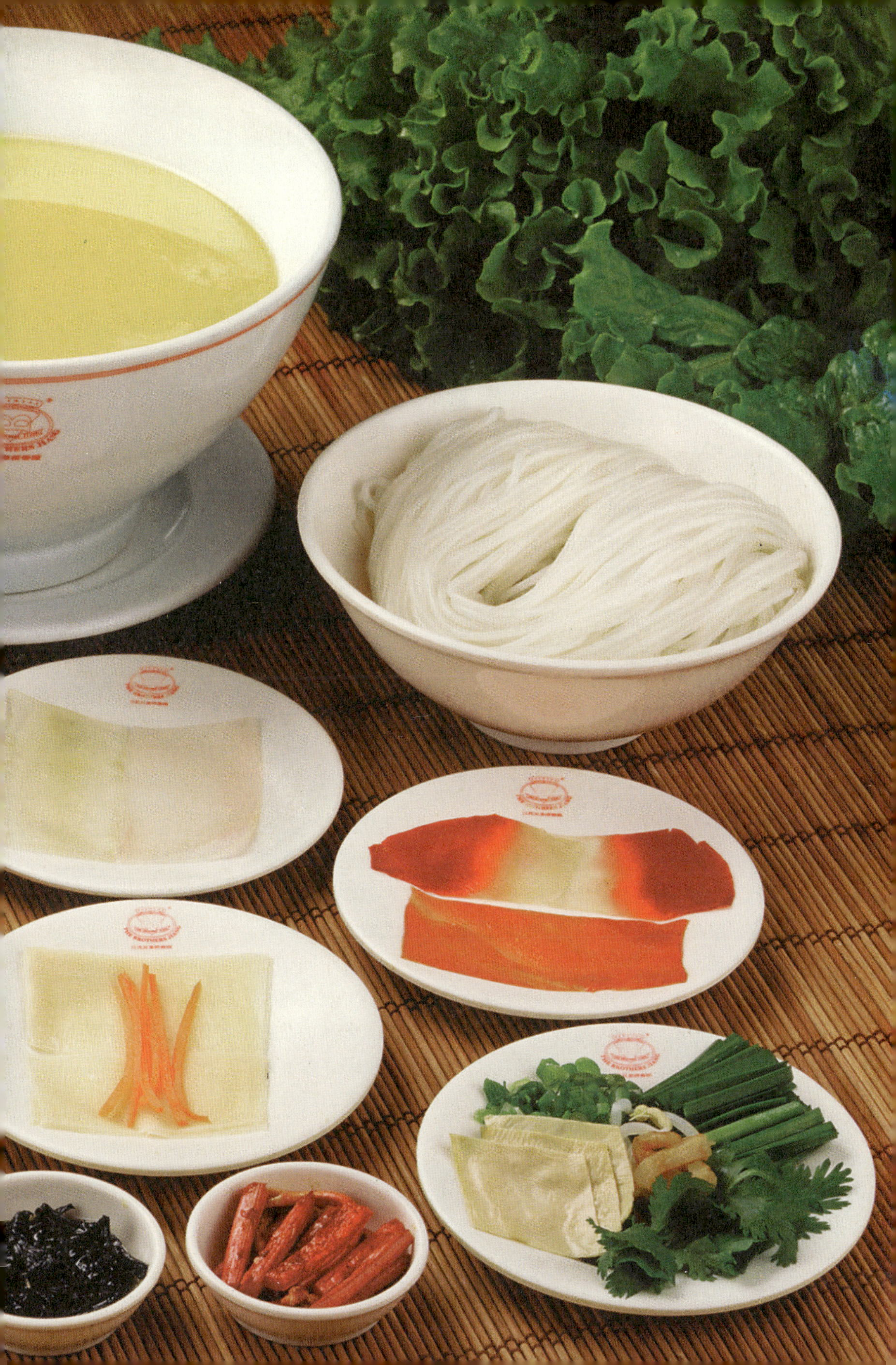

住五星级酒店 甜蜜的享受

　　云南的五星级酒店，要说起来，虽然算不得比比皆是，但也多得超乎你的想象，这些酒店，有的豪华，有的经典，有的古朴，有的个性张扬，情调不一，风格各异，但都高端大气上档次，服务上、设施上，大多无可挑剔。大家可以根据自己的喜好选择。

　　邂逅云滇，"春城"最原汁原味的阳光自不容错过，滇池的晨昏、翔飞的鸥鹭、烂漫的花木、悠悠的晚歌、归棹的白帆也不可辜负，于是，滇池侧畔的昆明洲际酒店也便成了游客最好的住宿选择。伫立在宽阔的落地窗前，品着美酒，近看滇池、遥望西山、左观民族风、右览群鸥翔，中间，还可见山水林园间错落的蝴蝶的翅膀，累了，倦了，去健身房健健身或者做做水疗，放松一下身心，都是不错的选择。

　　人这一辈子，能任性几回呢？体验一把星级酒店，放松心情，吃好玩好住好，这才是真正的生活啊！

体验，云南最浪漫的事 /183

📷 既然来到云南，就要体验一下五星级酒店。因为我们是来这里享受和相爱的。

📷 五星级酒店内景

旅程随行帖

☑ 一次舒适贴心的住宿，绝对是一次美好行程的最佳保障，虽然五星级酒店的价格是贵了些，但一般酒店都有协议价、团购、积分兑换也能兑到正价房，另外，如果你选择注册酒店的会员，或者到酒店的官网去下单订房的话，房价很可能会有折扣或优惠。

昆明泡吧

释放你的荷尔蒙

昆明的酒吧比比皆是,各种风格,各种情调,各种色彩,只要你想,总能找到你所期待的浪漫、炫酷、宁静、小资、甜蜜或火爆。

以前,昆都一条街曾是红男绿女狂欢的秘密基地,但随着昆都谢幕,昆明的娱乐江湖开始风云再起,一家又一家实力派的酒吧如雨后春笋般陆续崭露头角,大有"中原逐鹿"之意。

去酒吧嘛,不喝酒似乎有些另类,小仙女们可以喝咖啡、喝果汁、喝饮料或者喝甜甜的果酒,男子汉们似乎并无此特权,但又有不少人不太爱喝威士忌,于是,各类精酿酒吧便成了满足"侠气"与酒瘾的不二选择。

如果你是背包客,是穷游党,或者并不打算为泡吧这种事支出太多,那么,去大学城附近转转走走倒是个好主意。大学城附近的一些酒吧装修简约,大气有格调,消费很亲民,有时还能赶上电子派对,泡吧的同时还能结交一些

志趣相投的朋友。

　　夜幕初临，华灯映月，说走就走的你我，每一个人心中都藏着无数的故事，不尽的喜怒，或许，在陌生的城市、陌生的夜，和着灯红，在酒吧中酣畅淋漓地醉一场，也蛮不错。即便无心释放，默默地窝在橘黄色的灯光转角，看看书，听听音乐，数数星星，吹吹风，也很妙。即使我们都习惯了沉默以待，从不善于倾诉，亦能感觉人生的种种美好，不是吗？

旗袍女郎和老留声机，成为穿越时空的古老记忆。

住丽江客栈

谁都有一颗文艺之心

    典型的纳西族建筑，家家流水，户户垂杨。门前的溪流发自玉泉，一路穿街过户，白天的时候静寂无声。但是假如夜深人静，流水声就会渐起渐响，流进或者打破旅人的清梦。

    "三坊一照壁，四合五天井。"天井虽然不是十分宽阔，但是也没有空间上的狭窄感觉，而是显得精致。角落摆放花朵，茶花、杜鹃花、兰花，绚烂而寂寞，似乎只是应诺着一个个的花期，而不是为任何人开放。地上还有三眼水潭，是来自玉龙雪山的融雪。水潭依次排开，饮用、洗菜、洗衣，分担着不同的任务。阳光散淡地照射在天井里、花朵上，在水潭上闪光，照射在藤椅上。藤椅上多半有旅人，慵懒或者困顿地斜躺着，一上午的时间，似睡非睡。

    两层的木建筑的楼房，红柱画廊，飞檐翘角，古色古香。偶

体验，云南最浪漫的事

尔张贴着东巴文字的对联，笔画古怪，形状具象，是外人猜不破的谜语。楼梯也是木制，踩在上面，脚下咯吱作响，令人心中发颤。房间内清洁整齐，气味清香，从窗户透进来很好的光线。坐在窗户旁边，向外观看，掠过一层鳞次栉比的房顶，就是灿灿发光的遥远雪山，似乎一下子就灼痛了人的眼睛——那里隐藏着的永远是可望而不可即的梦想。

丽江客栈，和整个丽江，也许永远不可能从它身上找到精雕细琢的局部，但是一切却自然简单，就像是原本可以自然简单的生活一样。

📷 丽江的客栈闻名全国，许多游客来云南和丽江的目的不是为了看到多少美景，而是专门为了住上一晚当地的客栈，体验一下那种淳朴和闲适的感觉。

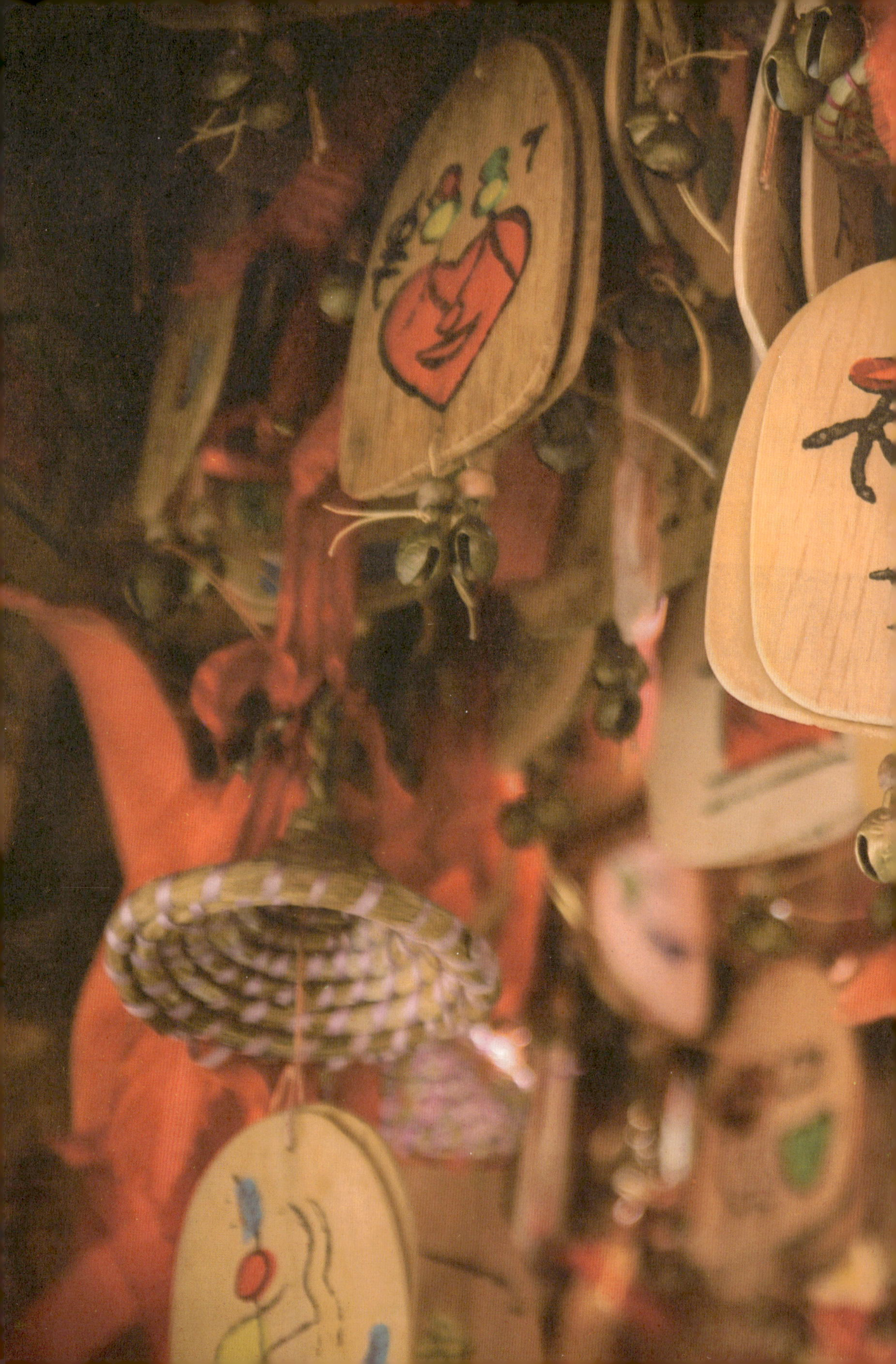

呼风唤雨听命湖

静享闲适之美

晴丝袅袅百花开，呼风唤雨听命来。邂逅听命湖，邂逅那一抹将天空都"绑架"了的纯蓝，对希冀着将眸底的阳光化成彩色的你我而言，或许，便是此生最幸福的一场遇见。

高黎贡蓊蓊郁郁的原始丛林深处，一点点被晕开的彩绿中，常有莺声猴啼轻啐着烟雨。古堡、烽火、哨楼、遗迹，氤氲的不只是远古的长歌，还有熔金的夕阳。在这里，滇西的古韵缭绕着傈僳的竹楼，清脆的苗歌，召唤的却是一曲深藏在高山深处的风雨交响。

呼风唤雨听命湖，湖如其名，神奇幻丽，奇异莫测。

相传，这座位处滇西泸水县片马镇东，被高黎贡山珍重了千年的湖泊，自来都是神之居所，历经千难万险，目见湖泊真颜的凡人，无论是谁，无论男女，都能得到呼风唤雨的伟力；昔年，但有大旱，邻近寨子里的村民便会携带上丰盛的祭品，盛装来到湖畔，以古老的歌舞祈雨，百试百灵；甚至，"神通广大"的傈僳族巫师还能借湖水天赐之灵妙，转死为生，拯救一方，听命湖、替命湖之名，亦由此而来。

听命湖的风雨，来得快，去得亦疾，来去匆匆，一片云，一场雨，一片淋漓，一场相逢，每一次山边的黛色垂落云雨，都能织成一段月光下最静美的银色传奇，雨雪霜风，晴岚烟雨，恍惚之间，似都静谧成了一道永恒的风景。

星光垂落的夜晚，枕着双臂，躺在东西狭长、南北开阔、若一支翠翘玉簪般的小湖旁，任缕缕草香萦绕鼻翼，任微微的涛声随月西东，吹着风，哼着歌，看一场人生最盛大的流星雨，然后和着风，沐着月，伴心爱的人，数数夜星，慢慢盼黎明，更是一场可遇不可求的圆满。最深的长情，不是偎依，是愿祈三生一遇；最美的风景，不在画中，不在脚下，而在山中那一泓惊艳了阳光的青漪与蓝翠里，在听命湖最柔情、最梦幻的水波中。或许，听命湖从不是你的情之所钟，但邂逅它，却是此生最幸福的一场遇见。

旅程随行帖

☑ 听命湖在高黎贡山深处，是一片原始、纯美的湖泊，但环湖四围皆处于未开发状态，亦无车可通行。想要邂逅听命湖，需要徒步跋涉十多个小时，翻高山，过峡谷，穿林海，探险者、资深驴友或可去走走看看。湖畔山中，道路崎岖难行，而且山林蓊郁，路途难辨，没有向导，很容易迷路。

高山上的湖泊，湖水是这样的安宁，甚至都没有一丝的涟漪。

别样云南，别样风情

选题策划：
文图编辑：韩 飞
美术编辑：刘晓东
图片提供：视觉中国
　　　　　北京全景视觉图片有限公司